Mirjam Rabe

Leben heißt, das Verlierbare lieben

MIRJAM RABE

Leben heißt, das Verlierbare lieben

Eine Geschichte von Verwandlung und Abschied

Patmos Verlag

VERLAGSGRUPPE PATMOS

PATMOS
ESCHBACH
GRÜNEWALD
THORBECKE
SCHWABEN
VER SACRUM

Die Verlagsgruppe
mit Sinn für das Leben

Die Entstehung des vorliegenden Buches wurde durch ein Stipendium der Kulturstiftung Thüringen gefördert.

Verlagsgruppe Patmos in der Schwabenverlag AG, Ostfildern
www.verlagsgruppe-patmos.de

Umschlaggestaltung: Finken & Bumiller, Stuttgart
Gestaltung, Satz und Repro: Schwabenverlag AG, Ostfildern
Druck: GGP Media GmbH, Pößneck
Hergestellt in Deutschland
ISBN 978-3-8436-1540-2 (Print)
ISBN 978-3-8436-1578-5 (eBook)

Ich laufe zu dir. Ich bring' dir die Bilder.

Inhalt

III Entlang der Grenze 71

IV Abschied 107

I Aufbruch

Loslassen

Die Zugvögel über mir und das Bild in mir. Ich sehe dich auf dem Felsen sitzen, fühle deinen Blick, der dem nachgeht, was niemand wird halten können. Nicht mit diesen Händen. Nicht mit diesem Bewusstsein.

Wunderschönste Normalität, als solche nicht erkannt, die ich immer erinnern werde: der Tag vor dem Tag, mit dem die andere Zeit begann. Ein Nachmittagsausflug im späten Mai, wir fahren durch die uns vertraute hügelige Landschaft, über uns ziehen die Wolken, ich spüre die Biegungen der kurvigen Straße in meinem Körper, das weiche Gegengewicht des Autositzes, Grund, der ruhig bleibt, während wir uns bewegen. Ein Stück Welt, das war und nicht mehr ist und nie mehr sein wird. Du am Steuer. Wie sicher ich mich gefühlt habe – bei dir, mit dir. Am nächsten Morgen gingst du mit Aktentasche aus dem Haus in der frischen Morgenluft und du kamst nicht wieder, nicht am Mittag, nicht am Nachmittag, und es dauerte Tage, bis wir Kinder in die Intensivstation durften.

Die Tür ist grau umrandet und von schwerem Glas, zögerlich führt uns ein Krankenpfleger in den Raum am Ende des Flures. Ich versuche nicht nach links und rechts zu blicken, nur in der Erwartung zu bleiben, dich zu sehen. Der künstliche Atem, das Flackern der Geräte. Ich muss mich nicht zu dir beugen, ich bin noch nicht so groß. Ich sage, ich bin da, ich sage den

Namen, mit dem du mich liebevoll angesprochen hast, wenn meine Beine beim Wandern müde wurden. Du blickst nicht zu mir, keine Regung deines Körpers zeigt mir, dass du mich verstehst. Der Raum, der uns umgibt, ist so sehr ein Nicht-Zuhause, du bist wie es scheint losgelöst von allem, das zu dir gehörte, aber es bist du, ich konzentriere mich auf das, was geblieben ist: dein Körper, einzigartig und unverwechselbar, durch alle Veränderung hindurch und damit der Mensch, der du bist, der einen Ort einnimmt, im Familiengefüge, im Weltgefüge, der von keinem anderen eingenommen werden könnte.

Draußen geht die Welt weiter. Es ist Frühling, Lichtstrahlen brechen durch die dunklen schmalen Gitterstäbe der Umrandung des Stadtparks, ich lasse meine Hand über das schwere Eisen gleiten, während wir zum Auto zurückgehen. Niemandem möchte ich begegnen, niemanden sprechen müssen, der aus der Welt des ‚Davor' kommt, ohne es zu wissen, ohne von dem Bruch zu wissen, den diese Welt erlitten hat. Zuhause schreibe ich in mein Tagebuch in Schreibschrift, die nie so recht gleichmäßig und gerade werden möchte: Ich will dich behalten, egal wie.

Wie durch Glas

Die Zeit bleibt nicht stehen. Es kommen Morgen und Abend, jede Nacht geht vorüber, auch wenn sie schlaflos ist, es gibt keine Pause vom Alltag. Dass die Welt sich arglos weiterdreht, empfinde ich als rettend, zugleich aber auch als eine weitere Verletzung, als mangelnden Respekt vor dem, was geschehen ist. Heilsam sind die Zuwendungen, besonders die stillen, die keine Worte, keine Beschreibungen von mir verlangen. Ein großer Topf mit frisch gekochter Suppe, den wir Kinder auf den Steinen vor der Terrassentür finden, wenn wir von der Schule kommend in ein stilles, leeres Haus heimkehren. Kein Zettel zum Gruß, doch gerade in dieser wortlosen Geste erreicht uns so viel Wärme von Freunden und Nachbarn. Ihnen könnte ich begegnen, ich könnte sie ansehen, vielleicht auch erzählen. Doch sobald ich unter Menschen bin, die nichts von unserem Erleben wissen, beginnt mein Blick vielem auszuweichen, in Hilflosigkeit und Trotz, als trüge ich unfreiwillig ein Geheimnis in mir, durch das ich mich anderen entfremdet fühle: das Wissen darum, wie zerbrechlich alles ist. In den Schulräumen fixiere ich einen Punkt an der Wand, wenn es im Biologieunterricht um Herzversagen oder Ähnliches geht, verlasse ich das Unterrichtszimmer, nicht um die Toilette aufzusuchen, sondern um still an einem geschlossenen Fenster zu stehen und durch das Glas hindurch nach draußen zu blicken. Etwas Beruhigendes geht von diesem Blick auf den von alten Mauern geschützten

Schulhof aus, ein Bild, das mit einer immer unterschwellig fühlbaren Traurigkeit in Resonanz geht: sich langsam bewegende Menschen oder aber die Leere des in den Pausen von Leben gefüllten Platzes.

Manche Ärzte sagen, vielleicht kommt vieles wieder zurück, vielleicht dauert es ein Jahr. Und es ist gut, mit diesem Vielleicht zu leben. Du kommst nach Hause, zu Besuch. Und wir denken: Wird es so sein, wenn du wieder ganz bei uns bist, wenn du die Klinik verlassen kannst? Dann bist du wieder dort, in den anderen Räumen und ich denke an dich, in scheinbar belanglosen Momenten des Alltags, höre in mir deine Stimme, die mich ermahnt und ermutigt hat und auch in der Erinnerung an eine Ermahnung fühle ich nur Wärme und trostvoll, schmerzvoll: die Nähe des Fernen. Und es beginnt, was von nun an immer andauern wird: eine Beziehung, in der Fragen gestellt werden, die offenbleiben, eine Beziehung, in der Wut nicht aufkommen, sich nicht gegen den Anderen richten kann, und sich so ihre eigenen Wege sucht, die nach innen, nicht nach außen führen.

Ich will dich behalten, egal wie. Noch bin ich keine 12 Jahre alt. Jede Veränderung, auch wenn sie Verlust bedeutet, ist für mich sanfter als der Tod, von dem ich nichts weiß und nichts wissen will. Hauptsache, du bist irgendwo irgendwie noch da, möglichst bald wieder ganz bei uns. Nur: Wie trauert man um jemanden, der noch da ist? Gar nicht, denn er ist ja noch da. Aber um das, was unwiderruflich verloren ging? Kaum Raum für Trauer. Ich kann mich noch gut umgewöhnen in einem Alter, in dem sich ohnehin die Wahrnehmung der eigenen Wirklichkeit beständig ändert. Nur würde ich manchmal gerne sagen, in einer Klarheit, die keiner weiteren Worte mehr bedarf, dass du nicht mehr da bist – so wie du da warst –, dass du jetzt fehlst. Und wenn ich so fühle, dass du mir fehlst, denke ich mir, es wäre einfacher, einen Menschen durch den Tod zu verlieren und trauern zu dürfen und das Verständnis anderer finden zu können, gezeichnet sein zu dürfen. Der Tod würde all dem, was ich als Schwere in mir trage, ein Recht geben, zu sein. So aber geht es weiter, das Lernen und Umgewöhnen und manchmal ist mir, als würde ich eine leise blutende Wunde betrachten, lautloses Fließen und Versickern, wie ein Bild, unfähig, die Wunde zu stillen.

Nur ein Bild.

Zwischen Ich und Du

Auf dem Fahrrad durch den grauen Regen. Immer die Wege, die Wege zu dir, die, seit sie nicht mehr nach Hause führen, schwer geworden sind. Nach unten gegen den Widerstand der Pedale, Druck in meinen müden Beinen, ich war noch nie in diesem Stadtteil. Weit hinaus aus dem Zentrum führt der Weg, vorbei an einem Kanal.

Dort muss es sein, durch die geöffnete Schranke, bei den Fahrradständern auf dem großen fremden Innenhof mache ich halt. Nur verschwommen nehme ich eine Umgebung wahr, Menschen sind da, aber nicht als Mitmenschen, sie gehen ihre Wege, jeder die eigenen Sorgen tragend, die Köpfe immer wieder nach unten geneigt. Gegenüber des massiven L-förmigen Gebäudekomplexes ein Park, ein Draußenbereich, dichtes, schweres Grün der Laubbäume im Sommerregen. Die grauen Wände trennen Innen und Außen und doch ist es alles wie ein in sich geschlossener Innenraum, weit weg, ein anderer Raum, einer, in dem man nicht freiwillig ist, weshalb auch die schön gestalteten Grünanlagen von unsichtbaren Wänden umrandet zu sein scheinen.

Manchmal sind Pfeile auf dem Boden, sie ziehen die Blicke noch stärker nach unten, grauer Asphalt, der übergeht in graues Linoleum, hier geht es zum Haupteingang, dort zum Aufzug. Nicht zu viel fühlen, nicht zu viel blicken zu den Fragen, den offenen, hilflos suchenden. Am Ende eines langen Flures zur rechten Hand die Tür zu deinem Zimmer. Zu deinem Zimmer? Nein, es ist nicht deines. Nichts darin verrät, wer du bist. Die Zimmerpflanze weiß von nichts, kennt niemanden und jeden, kein Bild, das deine Erinnerungen trüge. Nur, dass du da bist, verrät, dass du bist. Oder ist es zunächst die bloße Anwesenheit deines Körpers und du bist anderswo, kommst erst zurück zu uns, wenn du uns ansiehst, uns hörst, wenn du uns erkennst, wenn du erkennst, dass wir dich erkennen?

Ich gehe über die Türschwelle, gehe über die Angst, wir könnten miteinander in einem Raum sein, ohne miteinander zu sein, ohne uns zu erkennen. Die Angst vor der Ferne im Nahen, die so anders ist als die warme Nähe des Fernen. Schmerzlich, immer noch, die Erinnerung, an das erste Mal, als wir dich zusammen in diesem Zimmer besuchten. Ich blickte zu dir in den Raum, der nicht deiner ist, und du sagtest: „Schwester, bringen Sie mir bitte ...“. Ich habe gebraucht, um zu realisieren: Du hast mich nicht erkannt. Ich bin dir fremd. Ich wollte weglaufen und hätte doch nie weglaufen können von dir.

Aber nun schläfst du und ich kann dir nahe sein, so wie ich es bin, wenn ich an dich denke. An deinem Bett sitzend, in der Stille, erinnere ich mich müde an die Freude, die in uns war, als du wieder begonnen hattest, zu sprechen. An die Hoffnung, es würde jetzt wieder so sein und werden, wie es war, wir könnten zurückkehren an den Ort, an dem der Alltag zerbrach. In deinem Wieder-Besitz war jedoch zunächst nur das bereits einmal Gesprochene: Erst kamen Laute, dann Silben, dann Verse, mit und in denen du gelebt hattest, und schließlich mühsam die bewusst gebildeten Wörter. Sie kamen dir als vertraute, aber unzuverlässige Bekannte und inzwischen wissen wir, sie bleiben dir nicht so, wie sie einem Kind bleiben, wenn es sie einmal gefunden hat. Sie haben ihre Selbstverständlichkeit verloren. An deinem Bett sitzend, nehme ich wahr, wie sehr die Wörter gemeinsam mit den ihnen fest zugeordneten Bedeutungen uns Halt gegeben hatten, bevor sie verloren gingen. In der Stille, müde vom Kreisen meiner lautlosen Gedanken. Sind sie in mir oder sind sie in dem leeren Raum, der uns umgibt, in dem die Luft so dicht wird, sich fast gegen mich drängt, sodass ich wieder das Fenster öffnen möchte und, im Unzuhause, nicht weiß, ist es erlaubt?

Doch dann wachst du auf und ein Abenteuer beginnt: Wir sehen uns an und ich glaube zu sehen, dass du mich siehst. Woran ich es sehe, ich weiß es nicht. Sehe ich es in deinen Augen oder aus ihnen heraus? Augen, in denen ich mich spiegele, aber nicht nur, die ich nicht als Teil eines Körpers betrachten kann, nein, mir scheint, sie sind niemals ein Teil, immer ein Ganzes: Augen, die mich ansehen. Meinen Blick erwidern, der sich bricht.

Wie sehr möchte ich verweilen, in diesem Zwischen von Ich zu Du, von Du zu Ich, voller Trost, voller Gewissheit.

Du öffnest vorsichtig den Mund, in dem Versuch, etwas zu sagen. Und ich öffne mich hin zu dir, als würde ich zu dir eilen, möchte dir Raum geben, möchte dir helfen, mich zu erreichen, wenn du es willst. Nun ist es, als tasteten wir nach einander, hinein in den leeren Raum. Wir versuchen es mit den damaligen, den vertrauten Wörtern, manchmal sind sie da, die unsichtbaren Ströme, Verbindungen zwischen deinen und meinen Gedanken. Dann nehme ich ein Wort als Stütze, hoffend, es wird mich zu dir bringen, und es bricht weg, wie ein morscher Wanderstock. Fast will ich mich abwenden in Schmerz und Scham darüber, so unbeholfen zu sein in der Beziehung zu einem Menschen, mit dem das Sprechen einmal einfach, einmal selbstverständlich war.

Aber du bist, und ich halte fest an dem, der du für mich warst und ich wende mich nicht ab. Und während ich bleibe in dieser schmerzhaft unerwarteten Gegenwart, an deinem Bett sitzend, entdecken wir gemeinsam die neuen Brücken, die ganz anderen Wege, das Spiel. Brücken, auf die wir, noch unsicher, die ersten Schritte setzen können. Du möchtest das Bett, das Zimmer verlassen, etwas einkaufen, dir etwas zu essen aussuchen, doch es ist noch nicht so weit. Wie im Reich der Kindheit grenzen die Welten aneinander, Fantasie und Wirklichkeit, und die Grenzen sind weich. Was war das, Wirklichkeit? Willst du im Rollstuhl sitzen und ich schiebe dich? Meine Griffe finde ich an der Lehne des Bettes. Oder wird das Bett zur Kutsche, zum Auto, – wir kommen ganz sicher an.

Der Weg zurück durch die grauen Flure bis zu der großen Haupttür im Erdgeschoss ist mir leichter als der Weg zu dir. Etwas hat sich gelöst. Zwar trage ich die schweren kreisenden Gedanken, wie in all diesen Tagen, fast ohne es zu merken, fast nicht mehr erinnernd, wie es war und wäre ohne sie. Doch zaghaft, freudig, leise ist da ein Staunen, ein neugieriges Fragen, ein anderes Verstehen. Ich kann die Menschen sehen und ansehen als Mitmenschen, die sie sind. Und ich spüre, wir werden etwas lernen, gemeinsam, etwas ganz Neues erfahren, ja, selbst in diesem Gebäude, welches mir so sehr Fremdheit, Ungeborgenheit bedeutet, dass ich es nicht Haus, nicht Ort nennen kann. Es wird nicht bleiben bei dem Grau, das die Blicke zu Boden zieht. Wir werden, uns anblickend, durch das Licht unserer Augen, etwas Neues schaffen, wie kahl die Wände auch sein mögen, wie lang und leer die Flure – ja, selbst dann, wenn deine Augen die äußeren Dinge nicht sehen können.

Mit dieser Hoffnung gehe ich zurück nach Hause, ohne dich.

Eine fließende Wand

Wochen später darfst du das Zimmer verlassen. Es ist ein milder, trockener Sommertag, ich schiebe deinen Rollstuhl über die Schotterwege in dem großen Parkgelände. Freie Wiesen, Bänke, kleine Lauben und schließlich eine Weide mit Ziegen, die Wiese umsäumt von einem kleinen Wald. Dort halten wir an. Du bist eingeschlafen.

Während du schläfst, sage ich dir alles, spreche alle Gedanken so aus, wie sie in mir sind. Vielleicht hätte ich niemals so zu dir gesprochen, wäre alles geblieben, wie es war, nie mich so sehr geöffnet. Aber spreche ich zu dir? Ich weiß, dass du schläfst. Wer nimmt die Worte auf, die so schutzlos freigesetzten? Ich sage sie, weil ich sie allein nicht mehr halten kann, sage sie dir, einem Du. Warum solltest es nicht du sein, zu dem ich spreche? Auch wir, die wir uns weniger verändert haben, hören nicht auf zu sein, wer wir sind, wenn wir schlafend nicht mehr reagieren. Das Innere, das

Äußere. Ich schließe die Augen, so wie du. Ich stelle mir vor, wenn wir schlafen, sind wir verbunden ohne Worte, ja, ohne die Möglichkeit, einander nicht zu erkennen. Öffne ich die Augen, ist die Welt da und mit ihr: die Ferne, die Missverständnisse, die wahren Fragen: Wer bist du? Wer bin ich? Müde beschließe ich, leben zu wollen in der Offenheit der ausstehenden Antworten.

Nach langen Monaten kommst du wieder nach Hause. Mit der Hilfe von Freunden haben wir neue Strukturen für den veränderten Alltag gefunden. In uns ist Erleichterung und Freude, wieder mit dir zuhause zu sein, doch gerade hier, in den eigenen Räumen, sind wir mit dir ständig damit konfrontiert, wie es früher war, vor deinem Zusammenbruch. Alles, was du nicht mehr kannst und doch so selbstverständlich konntest, umgibt dich als dein Leben, das dir selbst nicht mehr zugänglich ist. Du bist ehrgeizig, wie du es immer warst. Nicht nur Sprechen und Laufen, auch das Schreiben lernst du wieder, doch es geht dir mühsam von der Hand, und was du schreibend festhalten möchtest, ist das schmerzliche Bewusstsein der Differenz von Vorher und Nachher.

Alleine fährst du mit dem Bus in die Stadt, obwohl du weißt, dass es schwierig sein könnte, an der richtigen Haltestelle auszusteigen. Du gehst spazieren, ohne uns, um dir selbst zu beweisen, was du kannst, was du noch kannst. Schotterwege, Wiesen und Wälder, jede Neigung so vertraut. Hältst du inne an jeder Biegung und bist dir dessen gewahr, dass du einmal genau wusstest, wohin die Wege führen? Es regnet. Das Fenster eine fließende Wand, die uns trennt, die dich trennt von dem, der du warst. Du kommst nicht zur vereinbarten Zeit, erst Stunden später.

Die Treppenstufen zu deinem früheren Arbeitszimmer gehst du hinunter, wissend, du könntest fallen, Halt suchend am Geländer und an der Wand. Wissend auch, es wird von nun an für immer dein früheres Arbeitszimmer bleiben. Deinen geliebten Beruf nicht mehr ausüben zu können. Dir sagen lassen zu müssen, dass es nicht mehr geht. Es ist nicht deine Entscheidung und zugleich erlebst du es vollkommen bewusst. Und wir lesen Rilke: „ein dunkles unverwundnes grausames Etwas, das ein Schönverbundnes noch einmal zeigt und hinhält und zerreißt." Erst Jahre später, deine zittrige Handschrift vor Augen, beginne ich etwas von der Bitterkeit zu verstehen, die du empfunden haben magst, etwas von dem Ringen mit dir selbst und mit dem dir entzogenen Leben.

Die Blicke der Anderen

Es ist ein anderes Sein – zuhause, wo das veränderte Miteinanderleben zum vertrauten Alltag wird und unterwegs in der Stadt, in Bussen oder Zügen, wo die Blicke der Anderen in die eigene Schutzzone dringen und ich uns selbst anders sehe, so wie ich denke, dass sie uns sehen. Oft ist mir dann, als würden die öffentlichen Räume vor allem den Anderen gehören und wir wären nur zu Besuch. Auch zuhause erinnern mich die Steinstufen, die zur blau gestrichenen Haustür führen, daran, dass es einmal anders war, dass niemand bangen musste, du stolperst und stürzt auf den Steinboden, wenn du den Halt verlierst. Aber in den Städten. Kein Ort zum Ausruhen, doch: eine Bank, wenn man im Park ist. Aber in den Einkaufsmärkten? Eine Welt geschaffen, von ‚gesunden' Menschen für ‚gesunde' Menschen, für Menschen, die stabil gehen können, ohne das Gleichgewicht zu verlieren, ohne nach Halt zu tasten. Für Menschen, die Lärm und Lichtreflexe an sich abprallen lassen, für Menschen, die lesen können, die souverän nach dem Weg fragen können, für Menschen, die nicht die Orientierung verlieren.

Manchmal gehe ich in die Einkaufszentren, nicht um etwas zu kaufen, nur um stillzustehen und zu beobachten, wie alle weitergehen und wie ihr Blick manchmal irritiert an meinem hängen bleibt oder sie verärgert darüber sind, mir ausweichen zu müssen. Oder ich fahre mit dem Fahrstuhl in den dritten Stock und setze mich in einen Gang, in dem kaum ein Mensch unterwegs ist, blicke durch die hohen Glaswände auf das stete Treiben. Ich sehe den still gewordenen Lärm, die geräuschlos gleitenden Bewegungen der Rolltreppen, der Türen, die sich öffnen und schließen, Wägen, die geschoben werden. Auf für mich selbst nicht durchsichtige Weise suche ich so eine Nähe zu dir, versuche zu verstehen, wie du die Welt der Städte, der Öffentlichkeit nun vielleicht erlebst.

Und wenn Besuch kommt, sind sie auch zuhause: die Blicke der Anderen. Sie kommen uns besuchen und suchen dich und sehen dich, denn du siehst so ähnlich aus, wie vorher. Vielleicht ist dein Haar plötzlich weiß geworden, ich habe vergessen, wie es vorher war. Die Gesichtszüge, dein Ausdruck verändert, aber es ist dein Gesicht, es bist du. Doch du spürst, dass du verändert bist, du spürst es unter den Blicken derjenigen, die dich suchen, dich, so wie sie dich kannten. Und du erzählst ihnen deine Erzählung, immer auf dieselbe Weise, wer du warst, wie es passiert ist. Informationen. In deiner Stimme kindliche Unschuld und Verletzlichkeit. Es ist mir unangenehm. Wenn du beginnst, weiß ich genau, was folgen wird, und oft setzt du nach einer kleinen Pause wieder an und beginnst von Neuem, es ist wie bei einer Schallplatte, die einen Sprung hat. Warum die Wiederholungen? Es ist, als gingest du über eine Schwelle und könntest doch nicht über sie gehen. Als würdest du versuchen, etwas zu klären, aber es lässt sich nicht klären. Als könnte das, was geschehen ist, verstanden werden, als könnte es akzeptiert werden, die neue Wirklichkeit, aber es ist nicht so.

Zwischenreiche.

Bienen sitzen auf den Kleeblüten im Gras, Blüten in den Geranienkästen, Blüten im Wind.

Und ich: gefangen in Vorstellungen, wie es zu sein hätte. Den Blick der Anderen wahrnehmend, immer bereit, einzugreifen, zu regulieren, einzuordnen, in Schutz zu nehmen. All dieses Bemühen musst du gespürt haben. Blüten im Wind. Und du: erklärend, beweisend, wie du es in deinem Beruf geübt hattest, als könntest du die Kreuzmale des Auferstandenen zeigen. „Mein zweites Leben!“ Ich weiß nichts zu tun, als deine Gefühle mitzufühlen, während ich sie zugleich in beschwichtigenden Worten dir und mir gegenüber als das Nicht-sein-Sollende, Nicht-sein-Müssende entmachten möchte.

Und so will ich weglaufen, nicht von dem Ort, den du für uns gewollt und mit geschaffen hast, doch von der Enge, von der Verzweiflung, weder dir noch uns helfen zu können, in der Zeit, die sich niemals zurückdrehen lässt.

Die Straße, leicht bergauf, eine Sackgasse am Rande eines kleinen Dorfes, das sich zwischen Feldern und Wiesenhängen in die weichen Ausläufer eines Hügels schmiegt. Ich gehe zügig, noch kann ich nicht frei atmen, Häuser links und rechts und darin, vielleicht, die Blicke der Anderen, denen ich ausweichen, die ich alle von mir schieben möchte. Nur wenige Meter, bis die Wiesen beginnen. Auf den offenen, windigen Feldern gehe ich auf und ab, immer wieder. Und jedes Mal, wenn ich schon fast wieder bei der kleinen Straße angelangt bin, um zurückzugehen an den Ort, der mir wehtat, muss ich mich umwenden, um wieder ins Offene zu gehen. Weite und Trost. Ich lege mich hin, will die Erde unter meinem Kopf spüren.

Was bleibt

Wir sind geboren, um frei zu sein? Was heißt Freiheit? Ich muss mich gewöhnen, mit auf deine Schritte zu achten, übernehme unfreiwillig Verantwortung, sowie du sie unfreiwillig abgibst. Die Sorge, die du gern allein tragen würdest, hält mich zurück, wenn ich gehen möchte, oder sie verwandelt sich in ein Gefühl der Schuld, wenn ich bleibe. Steht Freiheit dem Miteinandersein entgegen? Ich kann mich frei fühlen, wenn ich weglaufe, den Bindungen zum Trotz. Aber ich kann mich auch innerlich frei fühlen, bei dir sein zu können.

Früher war es oft so, dass wir nebeneinander lebten in einem fast unmerklichen Wohlgefühl, einem erholsamen Beschäftigtsein, jeder für sich, jeder bei sich und doch in der Nähe, im gemeinsamen Raum. In meiner Erinnerung liest du dann Zeitung und ich spiele mit kleinen Holzfiguren auf der Ofenbank oder an dem hellen Platz auf dem Teppich neben der Terrassentür. Und nun: immer noch die Räume, deren Gestaltung Ausdruck des Gemeinsamen ist, das uns in der Familie verbindet. Und doch in der Gruppe einer, der nicht wie die anderen den eigenen Vorhaben nachgehen kann. Du kannst dir nicht beliebig Ablenkungen wählen durch eine Lektüre oder eine Tätigkeit, dir manchmal kaum Abstand schaffen von deinem Ort im Raum, von den Menschen, Geräuschen und Stimmungen, die dich umgeben, wenn dir etwas zu viel wird. Das wahrnehmend, fühle ich oft eine Unruhe, wenn ich dich ansehe, den Wunsch, dir etwas zu geben, dir einen anderen Raum zu öffnen. Zugleich bin ich nie sicher, ob du wirklich vermisst und brauchst, was ich meine, dir geben zu müssen. Vielleicht ist es alles umgekehrt, vielleicht geht es nicht für dich darum, fortgehen zu können, sondern darum, dass ich bei dir sein und es aushalten kann, nichts zu tun, nichts tun zu können. Wenn ich dich so ansehe und den Gedanken loslasse, die Situation für dich irgendwie verbessern oder retten zu müssen, ist mir, als ginge in deinem bloßen Da-Sein eine besondere Kraft von dir aus, eine Kraft wie die von den Stämmen der Bäume, welche den Stürmen trotzen. Ist es die Ruhe in dem Wissen, dass alles, was bleibt, in dir ist?

Denn es braucht nicht viel. Der Name eines Nachbarmädchens in deiner von Armut geprägten Kindheit bringt dir Freudentränen. Immer wieder, er nutzt sich nie ab. Ich kann dir diese Erfahrung ermöglichen, ohne irgendetwas über das Kind, das diesen Namen trug, zu wissen, es reicht, den Namen auszusprechen, der Rest ist in dir. Nicht, was sie dir war, nicht, wer sie war, kannst du mir noch erzählen, aber du teilst das Wissen, dass sie dir wichtig war. Andere Erinnerungen trägst du in sprachlichen Bildern und beschreibst sie uns immer wieder, immer auf dieselbe Weise, bis deine Bilder auch meine sind. Du, als kleiner Junge, zu den Gleisen laufend, dort geduldig wartend, um den Zug vorbeifahren zu sehen, um ihm nachzusehen.

So lebst du mir in deinem lebendigen Erinnern eine andere, intensive Wahrnehmung vor. Oft weiß ich nicht, blickst du in dich hinein oder aus dir heraus? Vielleicht ist es ein Schauen, kein Sehen – ein Blick, der zu den Dingen geht, ohne etwas mit ihnen tun zu wollen. In manchen Momenten glaube ich, deinen Blick in meinem Blick zu fühlen und ich bin glücklich. Es sind die scheinbar belanglosen, die stillen Augenblicke, wenn ich zum Beispiel eine kleine Kohlmeise beobachte, lange beobachte. Wie sie auf der Terrasse hüpft und pickt und sich kopfüber an einem Ast festhält mit so viel Leichtigkeit, ihr Leben ein Spiel. Ein so kleines Wesen, das ich lieben kann, ohne dass es mir etwas geben könnte als sein reines Da-Sein, seine so weiche, so zarte Lebendigkeit, die ich sein lasse, die ich nur ansehe, frei von dem Wunsch, sie zu berühren, sie haben zu wollen. Das andere Sehen, ein stilles Schauen, geht auf das Hören über und ich nehme die Jahreszeiten durch das Geräusch des Windes in den Blättern wahr, in den lichteren Ästen, in den zarter werdenden Blättern. Ein anderer Klang jeden Tag. So viel Schönheit, so viel Frieden um uns und in uns. Frei möchte ich sein, nicht wegzulaufen, sondern zu bleiben, und all das, was immer da ist, liebend zu sehen.

Oft aber stehen meine Gedanken im Weg, erzeugen ein Dickicht in meinem Kopf, wie kahle, dicht stehende Bäume, die den Morgen hindern, den Wald mit Licht zu erfüllen. Dann bedauere ich dich nicht dafür, dass du nicht beliebig Beschäftigungen und Zerstreuungen nachgehen kannst, sondern beneide dich für deine Fähigkeit, zu erleben, dich dem Moment ganz hinzugeben. In der Unmöglichkeit, der Gegenwart auszuweichen, scheint eine Wendung nach innen zu geschehen. Wo sich der Radius der Handlungsmöglichkeiten im ‚Äußeren' verkleinert, wird der Raum der Erinnerungen und der Fantasie weiter, zugänglicher.

Diese große Empfänglichkeit, die Wahrnehmung dieser Weite – warum können wir nicht immer alle in ihr leben? Fürchten wir dabei, uns selbst zu verlieren? Das Ich entsteht, indem die eigenen Grenzen erstarken – Grenzen, die unseren Blick verengen. Finden wir Gesundheit dort, wo wir die Welt von uns abprallen lassen, ihr standhalten, dort, wo wir uns nicht mitreißen, nicht umwerfen lassen von den Strömen des Lebens? Vielleicht sind wir immer Grenzen suchend und Leben ist immer verbunden mit einer Art Widerstand. Und Krankheit? Eine zu große Offenheit, ein Verlust schützender Grenzen? Oder eine Verhärtung der Grenzen, an welcher, was fließen will, zum Stillstand kommt?

Die Wälder so zart. Ich gehe auf weichem Grund, die Blätter des letzten Jahres verbinden sich mit der kühl-dunklen, feuchten Erde, werden eins mit ihr. Feines Ästegewirr der jungen Buchen, wie Spinnweben im Sonnenlicht, im Gegenlicht. Sie weisen das Licht nicht ab. Nur aufflackernd, die Ahnung der Möglichkeit, ein Ich zu sein, durchlässig, empfänglich für die Ströme des Lebens und dennoch: ein Ich.

Jenseits der Rollen

Ich bin dreizehn, als ich beschließe, jeden Donnerstagabend nur mit dir zu verbringen. Wir hören dann eine Musik, die du dir wünschst, meist eine Symphonie, ich trinke mit dir ein alkoholfreies Bier. Haben wir unsere Rollen getauscht, wenn ich mir einen Abend freihalte, um bei dir, mit dir zu sein? Wenn ich auf dich nicht wütend sein, mit dir keinen Konflikt haben kann, so wenig wie dies möglich ist in der Beziehung zu einem sehr kleinen Kind? Übernachte ich bei Freunden, beobachte ich am Frühstückstisch irritiert, wie sie mit ihren Vätern sprechen und wie ihre Väter zu ihnen sprechen. Ich bin neidisch und versuche es nicht, vor mir zu verbergen. Du bist du für mich, aber bist du noch Vater für mich?

Ich würde dir nicht gerecht, wenn ich dir wie einem kleinen Kind begegne, das seine Selbstfindung in so vieler Hinsicht noch vor sich hat. Du bist, wer du bist, geblieben, behältst dein selbst erarbeitetes, selbst gestaltetes Leben. Du hast es als Gewesenes in dir, auch wenn du nicht mehr an deinem Arbeitstisch sitzen, deine eigenen Aufzeichnungen nicht mehr lesen und nachvollziehen kannst. Dein gelebtes Leben gehört dennoch dir.

Vielleicht hast du in bestimmter Hinsicht mehr als wir erreicht – gefunden und wiedergefunden: eine Ebene des Bewusstseins, die bei den meisten Menschen, während sie heranwachsen, in den Hintergrund tritt, um schließlich bewusst wieder entdeckt, als Eigenes erkannt zu werden. Ein Ich-bin, das alle Versuche, etwas oder jemand zu werden, überdauert, ein vielleicht unzerstörbares Selbst, das unser fragendes, suchendes, urteilendes Tagesbewusstsein so unmerklich begleitet, dass wir uns seiner kaum gewahr werden.

So möchte ich von dir erzählen, wie andere von ihren Vätern erzählen, beiläufig, wie sie ihre Berufe erwähnen, möchte ich von dem deinigen erzählen, den du nicht mehr ausüben kannst, und von deiner Art mit uns zu sein, möchte von dir reden, ohne Mitleid zu erzeugen, ohne selbst an ein Leid zu denken, das längst nicht immer mit deinem Anderssein verbunden ist. Und ich stoße mich an den Begriffen, die auf einem Ausweis stehend uns das Parken erleichtern und zugleich dein Sein und unser Miteinanderleben auf einen Zustand festlegen. Ich stoße mich an diesen Begriffen, die eine Form der Normalität bedeuten könnten und es doch nicht tun, die versprechen, etwas schwer Beschreibbares benennen zu können und es dabei verfehlen – in ihrer Allgemeinheit und Unbeweglichkeit.

Könnten die anderen dich sehen, wie ich dich sehe. Und könnte ich sie sehen, wie ich dich sehe – befreit von Erwartungen und Vorstellungen, welches Verhalten den jeweiligen Rollen entsprechend und altersgemäß wäre. Könnte ich wach bleiben und es immer weiter lernen zu sehen, einander zu sehen, in der Geradheit von Mensch zu Mensch.

Kein ‚Wir' möchte ich verwenden, das dich nicht umschließt. Die Unterschiede, die entstandenen, zwischen uns, zwischen dir und mir, sind ohnehin nicht so groß, wie sie manchmal zu sein scheinen: Leben heißt immer mit dem Verlierbaren leben. Das Verlierbare lieben. Es heißt immer verletzlich sein. Wenn ich das annehme, kann ich der zerbrechlichen Schönheit dieser Welt mit Respekt und Vorsicht begegnen. Dann gelingt es mir, auch das Verlorene selbst mit Zärtlichkeit anzusehen, das nicht mehr zu Rettende, das nicht mehr Steigende.

Kein Mangel mehr

Leichtigkeit ist überall da, wo wir die Freude an allem Wiedergefundenen zulassen können, ohne dabei zu erwarten, es müsse nun immer mehr wiederkommen, ja, selbst ohne zu fordern, das, was jetzt da ist, müsse bleiben. Strahlend kommst du auf uns zu, nachdem es dir gelungen ist, dir deine Schuhe wieder allein anzuziehen. Der linke Schuh am rechten, der rechte am linken Fuß. Als würdest du Raum betreten, in dem du schon einmal zuhause warst, und zu dem dir längere Zeit der Zugang verwehrt war. Mit welchem Recht sollten wir deine Freude mindern, indem wir dich darauf hinweisen, wie es richtig ist? Was heißt das, ‚richtig'? Meint es, dass etwas zusammenpasst, Fuß und Schuh, und meint es damit mehr als das, was wir gewohnt sind, worauf wir uns geeinigt haben? Wenn dich aber das aus unserer Sicht Nicht-Passende in diesem Moment nicht stört? Mit einem Kind würde man üben, vielleicht loben, was bereits gelungen ist und zugleich benennen, was anders gehört – dein Weg ist ein anderer.

Manchmal suchst du lange nach einem Wort für einen Alltagsgegenstand. Wir verharren mit dir in einer gemeinsam empfundenen Spannung, geduldig wartend, erwartend, bis du schließlich begeistert den Telefonhörer als Zitrone bezeichnest und wir miteinander gelöst lachen. Die Namen sind unwichtig, sind willkürlich, doch indem wir gemeinsam die Differenz zwischen dem Gesagten und dem Gemeinten wahrnehmen, spüren wir, dass wir ein Zuhause teilen, in diesem Raum, in dieser Wahrnehmung des Raumes. Und wir können lachen über die Abweichung von dem Gewohnten, vielleicht auch über unsere Fixierung auf das Gewohnte selbst.

Oft bin ich befangen in der Vorstellung, dir könnte eine bestimmte Erfahrung wehtun und ich würde dich gerne davor schützen. Wenn du Orte nennst, nach denen du dich sehnst oder dir wünschst, etwas Bestimmtes zu tun, und ich denke, es wäre nicht mehr möglich, antworte ich ausweichend. Ich versuche dich abzulenken, deinen Blick hinzulenken, zu dem, was möglich ist, und zu dem, was dir guttut: Weißt du noch, als wir dort waren und weißt du, wir werden bald ... ich traue mich nicht, es zu sagen. Es wird nicht mehr gehen. Doch manches, wonach du dich sehnst, musst du gar nicht ganz erreichen, und indem ich das verstehe, öffnet sich meine Vorstellung vom Glück selbst.

Im Urlaub, ein weiter, heller Strand, auf den steil aufsteigende bewaldete Hügel blicken. Seichtes, türkises Wasser, erst in der Ferne die dunkleren, tiefblauen Schichten, die kühleren Strömungen. Wir laufen nahe dem Ufer durch das Wasser, das unsere Beine umspült, wir stützen dich von beiden Seiten. Wir sagen: Wir üben Schwimmen, denn du wünschst es dir so sehr, das noch einmal zu erleben, es wieder zurückzuholen in dein Leben. Wir sagen, wir üben Schwimmen, aber darum geht es nicht. In etwas tieferem Wasser für einen Moment in die Knie gehen, für einen Moment sinken in den nachgiebigen Grund. Nur ahnen kann ich, wie es für dich sein mag, umgeben zu sein von diesem Element, das alles leicht macht, zu wissen, wenn du stolperst, wäre da kein harter Gegenstand, kein geschlossener Asphalt, keine Verletzungen, die dich noch mehr zurückwerfen. Sommerträume. Wir laufen durch das seichte Wasser, in dem die Kinder spielen, es gibt keinen Mangel mehr und du strahlst vor Glück.

II In ein gelösteres Sein

Im Garten

Über die Steine durch das nasse Gras. Der Geruch von Äpfeln und feuchtem Laub, die gelbe Hauswand von Weinlaub bedeckt, durchscheinend in allen Rottönen das Licht des Sommers. In jedem Winkel des Gartens überlagern sich die Zeitschichten. Licht, das von den freien Feldern fällt, durch die entlaubten Kirschbäume. Die Eindeutigkeit ihrer Struktur unbarmherzig klar – alle Zweideutigkeiten des Sommers hinter sich lassend.

Als Kind bin ich bis an die äußerste Grenze des Gartens gegangen und habe versucht, mir die Unendlichkeit vorzustellen. Geängstigt durch den Gedanken, es gäbe niemals eine Pause, alles würde immer so weitergehen. Was, wenn wir irgendwann so müde würden? Sehnsucht – nicht nach Überwindung, sondern nach der Grenze selbst oder nach einem gänzlichen Woanderssein.

Dort, wo noch vereinzelt schwarze Kirschen zwischen dem ersten gelb-braunen Laub im Gras liegen, standen zwei lange Holzbalken, auf etwa einem Meter Höhe, wir haben sie aufgebaut für dich, zum Laufen lernen. Zum wieder lernen, nachdem du diese Fähigkeit erneut verloren hattest. So völlig anders als ein Klettergerüst, auf dem ein heranwachsendes Kind immer freier, immer mutiger, sicherer und beweglicher wird. Sie waren Halt, keine überwindbare Grenze. Üben der Schritte, um der Schönheit des Übens willen, um der Schönheit des Gehens. Üben der Schritte, das nicht zurück in die frühere Unabhängigkeit führte, zur Fähigkeit des freihändigen Laufens. Und doch warst du stolz, wenn es dir gelang und du am Ende der Balken angelangt warst. Du hast gestrahlt, erleichtert und froh, hast Späße gemacht. Die Haut in deinem Gesicht so jung, dein Haar leuchtend weiß in der Sonne, im Garten.

Die Linien

Fünf Jahre nach der ersten großen Veränderung, die mir ein abruptes Ende der Kindheit bedeutete, ist es Frühling wie jedes Jahr. Wir sitzen in einem Café im Schlossgarten, ohne dich. Ein zweites Mal bist du zusammengebrochen. Noch können wir nicht wissen, dass dieser zweite Neuanfang voller Verlust dich in vieler Hinsicht in ein gelösteres Dasein führen wird, befreit vom ständigen Gewahrsein der Differenz zwischen dem was war und nicht mehr ist.

Ich bestelle einen Kinder-Cocktail namens „Forever Young", wir unterhalten uns über Patientenverfügungen. Alles bleibt unwirklich, wenn ich nicht an deinem Bett sitze. Der Durst nach Leben, das Bedürfnis nach Schönheit, nach Leichtigkeit wird eher größer als geringer – in der Stille der grauen Flure, die zu deinen Zimmern führen, Klinik-Fremde, ewige Fremde. Die Linien. Wir im Schatten, bald ist Sommer um uns. Wir so jung, gesund, in dieser Welt, die ein weiteres Mal nicht Halt macht, um dem, was geschieht mit dir, was geschieht in mir, Respekt zu zollen.

Während ich das kühle, süße Getränk trinke und an den Tod denke, ist mir, als bliebe ein Teil von mir tatsächlich für immer jung, an dem Ort, an dem ich bereit sein soll, dich gehen zu lassen. Durch dich so nah am Tod, fühle ich mich süchtig danach zu leben, zu spüren, im Stehen auf dem Rad durch die weiche Luft gleitend, die Arme geöffnet, das Herz immer ungeschützt, immer der Verheißung des Sommerabends entgegen. Barfuß, lieber der Schmerz des heißen Asphalts, der Steine, die Ungewissheit im dunklen nassen Gras, lieber der Schmerz als die Taubheit. Als würde deine Todesnähe auch meine Jugend bedrohen, als könnte ich für dich leben, für dich mit-erleben, was dir verweigert bleiben wird. Die Empfindung zu leben selbst steigert sich in eine kaum mehr ertragbare Intensität, schmerzhaft untergemischt ein Gefühl der Schuld. Warum soll mir erlaubt sein, was dir nicht mehr möglich ist? Warum darf ich laufen, rennen, auch wegrennen, wenn mir danach ist, während es dir nicht mehr gegeben ist, aufzustehen? So gern möchte ich, was ich lebe, zu dir tragen, mit dir teilen, dir davon geben, es ist ohnehin zu viel, mehr als ich tragen kann. Die Schönheit des Sommerabends.

Scharfe Linie des Schattens, Grenze im sommer-trockenen Gras, zwischen dir und uns, zwischen hier und dort. Hier das Leben, das leichte, das selbstverständliche, das weitergeht, mit dem Frühling, der unaufhaltsam kommt, um in den Sommer überzugehen.

Dort, an den anderen Orten, den Nicht-Orten, die Leere, das ausgesperrte Leben jenseits der Glasfenster und, immer, Bäume im Wind, immer sucht mein Auge sie, in jedem Fensterblick. Wind und das Geräusch bewegten Wassers, wenn es irgendwo einen kleinen Brunnen gibt.

Wozu die scharfen Linien? Bewegen sich nicht die meisten Menschen im Zwischenraum der Extreme ‚krank' und ‚gesund'? Brauchen die Cafés, die sorglosen Orte, jene dem Blick entzogenen grauen Flure, um selbst bestehen zu können – licht und leicht, auf der Sonnenseite, auch noch im selbst geschaffenen, milden Schatten? Wenn es so ist, darf ich hier sein, darf ich die Leichtigkeit fühlen, sie auskosten, sie lieben oder ist dies der Preis: die Verdrängung von all dem, was ich nicht wollen kann, dessen Berührung ich fürchte? Ich will nicht, dass du tragen musst, was ich nicht tragen kann.

Wie sollen wir sprechen über etwas, das jenseits der Ordnung aller in diesem Leben relativen Dinge ist und in diesem Sinne gar kein ‚etwas' ist? Wie eine Entscheidung treffen über den Ort, der die Grenze des Machbaren und Entscheidbaren markiert?

Da ist der Wunsch, der kindliche, dich zu behalten, egal wie. Dann der erst in der Erfahrung Gestalt annehmende Wunsch, dich niemals gewaltsam in den Zwischenreichen festzuhalten. Und wenn du leidest und nicht mehr möchtest, die Bereitschaft, dich gehen zu lassen, in der Hoffnung, die in den klaren

Momenten zu einer Gewissheit wird: dass du nicht in ein Nichts gehen wirst. Sind wir nicht alle verbunden gerade in diesem Nicht-Wissen-Können, Suchende, angewiesen auf die zur Gewissheit gesteigerte Hoffnung auf das Gute, das wir glauben können?

Es ist doch und dennoch alles: mitten im Leben. Der Tod selbst, der unmögliche Versuch, darüber zu sprechen in einem Café unter Sonnenschirmen, die uns an Urlaub erinnern, an freie Zeit und Leichtigkeit. An einem Tisch in einem Café, in dem zugleich an Nachbartischen über Mode gesprochen wird, über Wochenendausflüge, vielleicht, über Beziehungskonflikte, über Politik.

Was wir alles nicht sehen! Was immer unsichtbar bleiben wird. Welche Gedanken, womöglich, welche Schmerzen tragen die Menschen, die uns unbekannten, in sich, mit sich, in sich verborgen. All die Menschen um uns, neben uns. Hat vielleicht auch die Kellnerin hier, der allein sitzende ältere Mann dort, ihnen nahe Menschen, zu ihnen gehörend, ihnen angehörend, auf der Intensivstation liegen? Oder die Sorge um eine Krankheit im eigenen Körper, deren Heilung nicht gewiss ist. Oder den Schmerz über das Lebewesen zugefügte Leid, das als Unrecht Erkannte, das dennoch geschieht.

In den weißen Räumen

Dass alles verbunden ist, unsichtbar und viel stärker als wir ahnen – wieder ist es dieser Gedanke, aus dem ich Kraft schöpfe und in dem ich die Bereitschaft finde, die Widersprüche auszuhalten, die Widersprüche zu leben: aufzustehen und weiterzugehen, wieder ins Auto zu steigen, immer ins Irgendwohin. Einen Streit über Nichtigkeiten zulassen, obwohl sie als solche erkannt werden, und den Streit so schnell wie die Nichtigkeiten wieder vergessen. Teil der Bewegung der Zeit zu sein, die über die Risse hinwegzieht. Und immer wieder das seltsame Gefühl: Ich würde gelebt. Ich habe keine Kraft übrig, um die Schritte selbst zu gehen, um Ja zu sagen, aber ich leiste keinen Widerstand und meine Füße tragen mich und meine Hände berühren die Türklinken, überlassen sich der Schwerkraft und ich stehe in einem anderen Raum. Wenn ich sehr müde bin, ist es beängstigend, nein, weniger als das, nur das Wissen, dass ich es als beängstigend empfinden könnte, würde ich mehr Kraft haben zu fühlen. Ich sehe dann, wie aus der Ferne den Menschen, der ich hier in diesem Leben bin, der bestimmte Bewegungen ausführt, mit dem ich eigentlich ganz eins sein sollte. In den guten, wachen Momenten aber verwandelt sich dieses Erleben der Selbst-Distanz zur Erfahrung einer starken Verbundenheit mit allem, das lebt, zur Bereitschaft, sich hinzugeben und zu fügen in ein größeres Sein. Als würde der Blick, den ich als meinen erfahre, noch ganz woanders herkommen, still, mitfühlend und frei von dem

Impuls, eingreifen zu wollen, und ich ahne eine Ebene des Bewusstseins hinter oder unter den bewusst wahrgenommenen Gefühlen.

Ich versuche, diese Verbundenheit zu fühlen, auch in den weißen Räumen. Widerwillig atme ich die nach Sterilität riechende, stickige Luft. Der Geruch nach Desinfektionsmittel könnte anzeigen: Hier achten Menschen darauf, dass niemand vermeidbar krank wird. Mir sagt er nur: Dies sind Räume der Krankheit, nicht der Gesundung. Ich blicke oft auf meine Schuhe, auf meine Hände oder aber zu den Fenstern, selten zu den anderen Menschen, die neben mir stehen oder sitzen und warten und unhörbar fragen.

Könnten die Türen sich öffnen, die Fenster, sodass nicht die Trennlinien zwischen krank und gesund, jung und alt die geteilte Welt bestimmen, sondern die Linien des Lebens, die Geschichten, die je einzigen Wege? Welche Räume, welche Offenheit, welche Geborgenheit bräuchten wir, um die Geschichten der Anderen zu hören?

Nach vorne gestützt, von der Wand weggelehnt, sitze ich auf einem der Gitterstühle am Rande des Flures und vermeide den Blickkontakt mit den anderen Wartenden, so wie auch sie es tun. Immer in dem Gefühl, ich könnte nicht offen für ihre Geschichten sein, kann ich doch unsere kaum tragen. So würde ich ihnen ihr Nicht-Blicken niemals verübeln. Aber ich höre ihre Stille und ich höre die Präsenz der Anderen, der Sagenden, welche in schnellerem, energisch bestimmtem

Schritt durch die Gänge gehen, hinein in die Türen und wieder hinaus, von Menschen-Schicksal zu Menschen-Schicksal.

Auch sie wage ich kaum anzusehen, als Menschen anzusehen, und muss es doch wagen, muss Vertrauen wagen, doch gerade in dem Vertrauen-Müssen wiegt die Unfreiwilligkeit dieser Begegnung so schwer, die scheinbar unüberwindbare Asymmetrie und Fremde. Fängt ein Arzt oder eine Ärztin an, sehr rasch und geschäftig zu reden, verlasse ich das Kommunikationsgeschehen, so gut es geht, während ich doch körperlich anwesend sein muss. Seltsame Erfahrung des Entblößtseins und des gleichzeitigen Unsichtbarwerdens: mit Menschen, die man nicht kennt, und die einen nicht kennen, über Dinge sprechen müssen, die das eigene Leben fundamental betreffen. Entblößtsein als das, was ich nicht bin, als das, was du nicht bist. Keine Zeit. Das weiße Ziffernblatt vor der weißen Wand. One in a million. Fragen, wissend, dass es einem nicht möglich sein wird, das in Erfahrung Gebrachte selbst einzuschätzen, zu sortieren, zu bewerten. Manchmal gleite ich ganz langsam weg in die inneren Räume, dann wieder ist es, als müsste ich springen, um aus dieser Situation herauszufinden. Doch wohin ich mich wende, alles ist glatt und geschlossen, kein Ufer, und ich fühle die Angst, ich würde in ein weißes wattiges Nichts sinken, das mich verschluckt, oder in ein grundloses dunkles Meer, wagte ich den Sprung.

Und sie reden weiter auf mich und uns ein, so als wäre nichts geschehen.

Manchmal jedoch kann ich bleiben, kann den Blick, der zu mir geht, erwidern. In einem anderen, langsameren Sprechen, in dem die Grenzen des Wissbaren und Machbaren offen eingestanden werden, treten Inseln hervor, durchdringen die Fläche des Meeres, andere Ufer, anderer Halt. Und mir ist, ich könnte um Rat bitten, wo der Mensch mir gegenüber nicht mehr vortäuscht, diesen ohne Weiteres geben zu können. Das Licht im Raum wird weicher, die Luft freier, während Prognosen und Diagnosen einer Annahme des Offenen weichen.

Nicht nach Wissen suche ich. Nur nach der Möglichkeit zu vertrauen. Nicht darauf zu vertrauen, dass alles gut ausgehen wird. Darauf, dass es Wärme und Trost geben wird in der Offenheit jeder Entwicklung. Was ist Wissen? Das, was wir ansammeln, abrufen, darstellen und beweisen können? Das, worüber wir uns verständigen können? Können wir wollen, dass alles Wissen wäre? Alles Nicht-Wissen-Können tut weh, doch würde nicht erst die Glattheit des vermeintlichen Wissen-Könnens den wahrhaft zu fürchtenden Tod bedeuten? Den Tod im Lebendigen. Gäbe es nur gesichertes Wissen, gäbe es Vertrauen nicht, ebenso keine Hoffnung. Nicht die Abwesenheit jeder Äußerung des Schmerzes oder der Angst schafft Beruhigung, sondern die Gewissheit, die oft stärker ist als das sagbare Wissen, die Gewissheit, dass jemand dableiben wird, der Frage nicht ausweichen, ihre Offenheit aushalten und sie gemeinsam ansehen wird.

Nirgends wird Welt sein …

Wieder lebst du weiter und kommst zu uns zurück, nach Hause. Nicht über die Stufen, die zur blauen Haustür führen, du wirst sie nie wieder allein gehen. Über den kleinen Gartenweg am Haus vorbei zur Terrassentür schieben wir dich im Rollstuhl. Es ist immer noch dieser Ort, dieses Zuhause, wo der Wind in den Bäumen klingt wie nirgendwo anders. Doch die Umgebung, die scheinbar gleich gebliebene, ist dir und uns eine andere geworden: Nur die ebenen Räume sind für dich bewohnbar. Alles wird überschaubarer, wir müssen uns nicht mehr sorgen, dass du allein die Treppe zu deinem Arbeitszimmer im Keller gehst und das Geländer dir entgleitet. Sind die Dinge nun entschieden, hinein in eine bittere Klarheit? Die Tür zum Treppenhaus mag offen stehen und bleibt für dich doch immer geschlossen, wenn die Stufen unüberwindbar werden. Und auch die noch so modernste Technologie brächte dir nicht zurück, was du verloren hast, brächte dich nicht wieder dorthin, in das Lebensgefühl, das erinnerte: sich gesund und frei zu bewegen, mit dem Rad morgens durch den Wald zur Arbeit. Kaum mehr sind die früheren Räume deine Räume und ich betrete sie selten. Doch die Bilder von Eisenbahnen, die ich dir als Grundschulkind gemalt habe, bleiben hängen, über Bücherregalen, in denen die Ordner mit deinen Aufzeichnungen stehen.

Die Papierbögen, so gleichmäßig deine Schrift, deine Zeichnungen. Wie du sein wolltest, wie du sein konntest. Von innerem Zusammenhalt, Selbstbeherrschtheit und einem Sinn für Schönheit zeugen sie. Sorgfältig abgeheftet. Nun bist du da und kannst sie nicht mehr sehen, nicht mehr lesen, deine eigenen Entwürfe, – den Ausdruck deiner inneren Ordnung, eines Willens zur Formgebung, all das mühsam Gesammelte, Aufbewahrte, Sortierte. Wie Hinterbliebene sehen wir die materiellen Zeugnisse deines Lebens, halten sie in Händen, als etwas, das übrig blieb, – aber du bist da. Nur gehen sie dich genauso wenig an wie der wiederkehrende Staub auf den Bücherregalen. Du musst dich nicht mehr kümmern. Hättest du es bereut, so viel Zeit dafür aufgebracht zu haben, wenn du gewusst hättest, wie wenig du all das wirst halten können – nicht in diesem einen, deinem Leben? Der Geiz mit der Zeit, die Frage, ob Mühen zu bereuen wären, entspringt derselben Haltung wie der Wunsch, zu sammeln, zu ordnen, zu systematisieren. Mit dir stehen wir vor dem Verschlossenen, um sie ein weiteres Mal gemeinsam zu suchen: unsichtbare Wege, innere Türen, Freiheit, die nicht im Tun, sondern im Sein-Lassen besteht. Freiheit, zu der du nun vielleicht viel mehr fähig bist, ohne die Ablenkungen all dessen, was es zu tun und zu erleben gäbe.

Die besondere Ruhe, die du uns bereits nach dem ersten Zusammenbruch in den guten Momenten vorgelebt hast, ist noch tiefer geworden, seit du nicht mehr allein laufen kannst. Während du bereits vor diesem zweiten Sturz erfahren musstest, wie der Radius äußerer Bewegungen plötzlich kleiner wird, scheint dieses Mal die Veränderung den Raum der Bewegung nicht in erster Linie zu verkleinern, sondern ihn vielmehr nach innen zu verlagern. Du hörst sehr viel Musik, immer in deinem verstellbaren Sessel, der ebenso wie der Rollstuhl als ein Fremdkörper in den Räumen wirkt, die ihr gemeinsam habt entstehen lassen.

Ich stelle mir vor, wie du mit Handwerkern zusammen das Haus geplant hast, wie du über den Tisch gebeugt stehst und eine von dir angefertigte Skizze betrachtest. Klang des Regens, der auf die Fenster der Dachschräge prasselt, Klang der Geborgenheit, ich bin mir sicher, ich kann es fühlen, dass ihr sie berührt habt, die Wände, die mich schützend umgeben. Als hättet ihr eine Zärtlichkeit in die Materialität des Hauses selbst eingearbeitet, als ihr die Decken mit Holz und die Wände mit Grastapete verkleidet habt. Ich fühle den unermesslichen Wert dessen, was es heißt, ein Zuhause zu haben, ein bleibendes, das erzählt von früher, den Trost, auch dich immer noch von diesen Wänden umgeben zu wissen.

Aber nicht nur Erinnerung ist, was meinen Blick anzieht. Während du mit Kopfhörern den Klängen einer Symphonie lauschst, muss ich innehalten und dich beobachten, in Faszination. Deine Arme und Beine sind regungslos und doch geht Bewegung von dir aus: in Wellen durchzuckt es deinen Körper, du lachst lautlos. Dein Mund öffnet sich, du setzt an, etwas zu sagen – entscheidest dich im letzten Moment doch für das Hören, dein Blick bleibt geöffnet, in Erwartung der nächsten inneren Berührung. Dann wieder sprichst du laut den Namen des Komponisten, sprichst ihn voll Dankbarkeit, Vertrautheit und Wärme, als sagtest du den Namen eines Freundes, mit dem du eine glückliche Kindheit verbracht hättest und was euch verbunden hat, wäre nie vergangen.

Wie damals in den Freistunden, in denen ich die Stille des lautlosen Lärms gesucht habe, hinter den großen Fenstern im verlassenen dritten Stock des Kaufhauses, sehe ich jetzt, ohne zu hören, doch ich sehe sozusagen die andere Seite: nicht die äußeren, sondern die inneren Bewegungen, nicht das geschäftige Treiben, sondern das, was dich berührt oder die Berührung selbst. Die Schönheit dieser Stille entsteht durch deine Anwesenheit und Gegenwart, durch ihr Sichtbarwerden im Ausdruck deines Gesichtes, den du nicht versuchst zu kontrollieren, anzupassen oder gar zurückzuhalten. In diesem Augenblick ist kein Verlust, ist dein Dasein nicht geprägt von dem, was du nicht mehr kannst, es ist anders, anders schön, aber du bist kein Anderer, das fühle ich, immer noch du.

Und dein Körper erinnert, über die jähe Veränderung hinweg, was unwiederbringlich zu dir gehört: Bestimmte dir eigene Gesten, wenn du, zurückgelehnt, die Arme hinter deinem Kopf verschränkst, fast in einer jugendlichen Lässigkeit, die nun den zum Teil unbeweglich gewordenen Bereichen deines Körpers trotzt. Deine rechte, noch bewegliche Hand umfasst dann die linke, die nach außen gekrümmt ist, ganz ähnlich wie früher, und scheint sich an der Formveränderung kaum zu stören.

Gegenwart und Vergangenheit eng umschlungen wie Leben und Tod. All die Grenzen werden so weich und ich gehe mit dir durch dieses Abenteuer, setze meinen Fuß auf nachgiebigen hellen Grund, vorsichtig, staunend. „Nirgends ... wird Welt sein, als innen." Diesen Satz hast du geliebt, als du noch so sehr lebtest im Reich der äußeren Dinge, gestaltend und bauend mit deinen Gedanken und mit deinen Händen. Jetzt, da deine Hände nicht viel mehr können, als einander zu umfassen, erlebst du, so scheint es mir, die Wahrheit dieses Satzes, die du schon lange erahnt hast.

Der Schmerz in Gedanken

Es steht nebeneinander und wird nicht aufhören, nebeneinanderzustehen, solange wir hier sind, – als Rätsel, als Zumutung, als Trost: Die Trauer über das Zerbrochene, Verlorene und die sich in den starken Momenten zu Gewissheit verdichtende Ahnung einer anderen Freiheit, einer tieferen Freude – einer Freude, die nicht in den momentären Erfüllungen von Erwartungen und Bedürfnissen besteht. Wenn sie da ist, die Gewissheit, ist alles hell, selbst die dunklen Nischen, in denen die Zweifel wohnen, werden erfasst von einem warmen Licht. Aber es sind nur Augenblicke, dann kommt ein Bild, eine Erinnerung, die mich zusammenzucken lässt. Oder ich beobachte dich, wie du unwillkürlich versuchst, aufzustehen, dich mit den Armen neben deinem Körper abstützt und dich kaum einen Millimeter vom Grund unter dir lösen kannst, und ich kann nicht anders, als mit dir die Hilflosigkeit zu fühlen.

Wieder wandeln sich Mit-leid und die Unfähigkeit zu helfen in Wut. Fühle ich mit dir oder fühle ich für dich? Ist es dein Schmerz oder ist es nur der Schmerz, von dem ich denke, du müsstest ihn fühlen? Nur der Schmerz in Gedanken.

Aber dieser von Gedanken genährte Schmerz ist, was mich immer wieder so weit fortträgt von den guten, starken Momenten, von denen ich dann nur noch abstrakt weiß, die ich benennen kann mit einem Namen, ohne dass in mir wieder wach würde, was ich erfahren habe.

Der seelische Schmerz – er ist so still. Wie soll ich ihn tragen? Es gibt keinen Gips, keine Krücke, die mir helfen würde, mit ihm weiterzugehen und die anderen helfen würde, zu verstehen. Wie soll ich ihn achten? In einer Welt, die so sehr auf das Sichtbare, das Vergleichbare, das Messbare ausgerichtet ist?

Der Schmerz bleibt fließend warm im Inneren, im Unsichtbaren. Mein Denken an ihn, mein Blick hin zu ihm gibt ihm Kraft, gibt ihm Raum und es pocht in mir, überströmende Ufer, Wellen von innen gegen meine Grenzen schlagend, in ein Außen drängend.

Jeden Tag, fast jeden Tag, lache ich in der Schulpause selbstvergessen mit Anderen und spüre dabei den Blick derjenigen in mir, die das Schwere nie vergisst, die zu ihm steht und in ihm lebt. Versuche ich im nächsten Moment, dem Schmerz nicht auszuweichen, bin ich zwar unter anderen Menschen, aber doch nicht bei ihnen, fokussiere einen Punkt im leeren Raum oder an der Wand, als könnte ich mich an ihm festhalten. Ich weiche zurück, in die verlassenen Gänge, es führt kein Weg hinaus über den Widerspruch.

Auf dem Weg nach Hause, in raschen Schritten durch die kalte Luft, versuche ich abzuschütteln, was in mir keine Lösung findet. Wenn ich zu dir komme, möchte ich frei sein, dich zu sehen und mit dir in die neue Gegenwart zu schauen. Aber ich bin es nicht. Würdest du nichts vermissen, so würde doch ich dich vermissen, dich, wie du warst. Ich meide es, dich anzusehen und fühle mich schuldig. Nur den Rucksack lege ich im Flur ab und kehre um, ins Freie. Wütend, dir und mir nicht helfen und nicht einmal den Gefühlen gerecht werden zu können. Wer bin ich, wenn ich nicht bin, was ich fühle? Nicht nur die Lachende, nicht nur diejenige, die voller Härte nach Wahrheit sucht. Den Berg hinauf, wohltuendes Gegengewicht des Grundes, der sich zu mir neigt, der Boden unter mir ist gefroren und auch die Kälte tut gut. Noch ein letzter steiler Hügel und dann die Höhe. Hier liegen Kristalle um die Äste. Wald, in dem wir als Kinder spielten, die Luft im Frühjahr schwer vom Duft nach Bärlauch und feuchtem Moos. Zauberwald, in dessen Einsamkeit ich mich jetzt nur selten wage, in der Dämmerung. Blaugrau und silbrig das gefrorene Laub auf dem Höhenweg, der immer wieder sanfte Wellen nimmt.

Als Kind war dieser letzte Hügel so groß, so unüberwindbar, ich sehe mich vor ihm stehen, im tiefen Schatten, der Blick auf meine Füße gerichtet. Immer waren die anderen schneller, meine Beine kürzer und mein Mut – du hast mich gesehen und meine Zweifel: „Komm, machen wir Erster!" Meine Kinderhand in der deinigen, immer warmen, fest umschlossen im Schutz deines schweren Erwachsenenmantels. Das Laub raschelt auf den Wegen im Wald, meine Füße gleiten durch die rotbraunen Blätter, spielend, in neuer Kraft, wir gehen voran, du lässt mich teilhaben an deinem Groß-Sein und die kühle, frische Waldluft streift über meine von innen erwärmten Wangen.

Jetzt ist es kälter, als es damals war. Und ich suche die Wärme in mir, um es anzunehmen, – dass es dieselben Hände sind, deine Hände, die das Geländer nicht mehr richtig umschließen können. Deine Hände, mit denen du nicht mehr Geige spielen, nicht mehr schreiben kannst, die nicht mehr an den freien Sonntagen in fliegenden Bewegungen über Pfannen und Kochtöpfen hantieren, während du die Nuancen geliebter Gewürze einatmest und dabei singst.

Ich suche die Wärme in mir, um es zu umarmen, das große Nicht-mehr.

Durch uns hindurch

Auf dem Rückweg, das harte Geräusch meiner Schritte auf gefrorenem Boden. Ich bin weggelaufen, um wieder zurückkehren zu können, was nehme ich mit?

Über die Türschwelle zurück zu dir. Dein Platz in der Mitte des Wohnzimmers, du immer da, wir um dich herum, zu dir kommend, von dir gehend, was bringe ich dir? Still setze ich mich auf den Teppich neben dich. Ich möchte zu dir sprechen, doch ich weiß nicht, wie. Mir ist, auch du setzt immer wieder an, etwas zu sagen. Die Stille, die Fläche des Meeres. Strömungen, die in kleinen Wellen nach oben dringen, wenn einer von uns den Mund öffnet, um ein Wort auszusprechen. Und sie würden sich brechen, ich weiß es, ich will es, ich ersehne es, dass sie sich brechen und ein Wort uns befreit. Doch sie nehmen ihre Bewegung in sich zurück, sinken tiefer, die Fläche des Schweigens glatt und gespannt. Ich blicke hinaus in den Garten, in den sich die Dunkelheit senkt. Es ist das Ungelöste, das mir den Mund versiegelt: dass ich annehmen will, was ist, und es doch nicht kann. Mit einem Mal, von irgendwoher kommt eine Befreiung, ohne ein Wort. Es löst sich etwas in mir und ich empfange die Erleichterung dankbar, als ein Geschenk, ohne zu verstehen, was geschieht. In diesem Moment sagst du: „Jetzt ist es gut." Und ich blicke staunend zu dir auf.

Wie kannst du es wissen? Was haben wir erlebt? Ohne zu sprechen. Waren und sind nicht meine Gefühle,

Gedanken, meine Bilder nur in mir? Und zwischen uns: die Luft, der leere Raum, das Außen, welches die Trennung unserer Körper bedeutet, das Sichtbare, das Teilbare. Oder zeigen die Bilder in mir den Raum, in dem wir gemeinsam leben, so wie er wirklich ist, und unsichtbare Ströme gehen durch uns hindurch?

Mit dir so nah einem Geheimnis, das ich nicht entblößen möchte, antworte ich nur „Ja!" und setze mich neben dich auf die Lehne deines Sessels. Es genügt, es zu ahnen, so trostvoll zu ahnen. Mich zu dir neigend, fühle ich ein inneres Strahlen und die Hoffnung, dass auch du dies mit mir fühlst.

Es wird immer deutlicher: Bei allem, was du hast loslassen müssen, hast du nicht nur etwas verloren, sondern auch Neues gewonnen. Ich will es benennen, dieses Neue, um es aller Verzagtheit entgegenzuhalten und scheue mich doch, in Worten mich ihm zu nähern. Da ist eine andere, eine warme Klarheit, ein inneres Sehen. Nichts daran ist bedrohlich und doch fordert es mir Mut ab, mich einzulassen auf dieses Andere, das immer wieder unsere Alltagswirklichkeit durchbricht, wie ein fernes, schönes Licht.

Aber ist es so anders, so fern, so neu? Vielleicht war, was jetzt sichtbar wird, die ganze Zeit über da – als Unsichtbares, vielleicht auch als Unerkanntes, in dich gekehrt? Vielleicht leben wir alle mit diesem nach innen gekehrten Leben und was wir Zusammenbruch und Verlust nennen, ist in Wirklichkeit nur eine Umkehrung, Verwandlung, ein phasenweises Sichtbarwerden dessen, was schon immer da ist, aber nicht immer zugänglich. Ein Bedürfnis, nicht ständig etwas zu tun, Verantwortung und Sorge zu tragen, nur da sein, Hinwendung empfangen, hören, schauen, sich erinnern. Vielleicht musste es sich in dir auf diese Weise nach außen kehren und anderes in den Hintergrund treten lassen, um erkannt und anerkannt zu werden: Denn wo ist Stille, in dem dicht gewobenen Netz von Worten, die an uns gerichtet werden, uns immerfort auffordern zu antworten? Was alles sehen wir nicht, wenn wir die Dinge nur ansehen in Hinblick auf das, was mit ihnen getan werden muss? Auch in mir ist Erschöpfung, ist in manchen Momenten ein müdes Sehnen danach, die Zeit anzuhalten, um ganz bei mir zu sein. So viel Kraftaufwand, um es zu erhalten, das normale Leben. Du bist nicht ausgestiegen aus dem Leben, dem erschöpfenden, suchenden, sondern geblieben, um dem, was keinen Raum fand, Raum zu geben. Was für eine große Lebensmöglichkeit: sein, ohne zu tun. Leben, ohne das, von dem man dachte, es würde das menschliche Leben ausmachen. Durch die Dinge hindurchsehen, zum anderen Menschen hin.

Ich suche dich, ich will es von dir lernen, um dir ähnlich zu sein, um dir nahe zu sein – dieses andere Sehen, ich will dich wortlos verstehen, so wie du mich manchmal verstehst, möchte leer werden, um empfangen zu können, was fast unmerklich in der Stille von dir ausgeht, wie leise Botschaften.

An einem Abend, an dem du unglücklich bist, halte ich deine nach außen gekrümmte Hand, um dir etwas zu nehmen von der Schwere. Ich fühle Kühle und Spannung in deiner Hand, aber wie kann ich es in deiner Hand fühlen, ohne es in meiner Hand zu fühlen? Die Spannung zieht durch meinen Unterarm hinauf zu den Schultern und ich muss mich aus der Berührung lösen, spüre den Impuls, meine Hand auszuschütteln oder abzustreichen.

Wo hörst du auf, wo fange ich an, wo höre ich auf?

Wieder, der Blick in den Garten, durch die große Glastür, Wind, den ich nicht höre, nur sehe. Ich wage es nicht, mich umzudrehen, dich anzusehen, bin erschrocken, beschämt. Dir nahe sein wollte ich und bin fluchtartig aufgesprungen, um mich von dir zu entfernen.

Zögerlich wende ich mich wieder um und setze mich aufs Sofa, dir gegenüber. Du bist immer noch still, auch dein Gesicht ist zum Licht, zum Garten hinaus gewendet, aber dein Blick ist nach innen gekehrt und trüb, dein Mund wie verhärtet und tief die Linie zwischen deinen Augen. Ich sehe dich an. Sehen ist Distanz, alles und immer gegenüber. Wenn ich dich dort sehe, wo du bist, bleibe ich, wo ich bin, bleibe beruhigt, doch ich suche dich. Deine Hand wie erstarrt in einer Bewegung des Schreckens, die Narbe am Kopf, zu schwer. Wie kann ich dich ansehen, ohne nur die Formen deines Gesichts zu sehen, ohne durch meine Bewertungen hindurchzublicken, ohne dass sich die Erinnerungen an Klinikbetten schieben zwischen dich und mich? Vielleicht könnte ich es lernen, könnte es üben, aber ist es nicht allzu menschlich, daran zu scheitern? Es bräuchte, mir scheint, eine innere Stärke, an der wir Menschen doch, wenn überhaupt, immer nur für Momente Teilhabende sind.

Wo ich nicht weiß, ob und wie meine Worte dich erreichen, möchte ich dir in Berührungen nahe sein und schrecke doch zurück vor der Möglichkeit, zu fühlen, was du fühlst und mich darin zu verlieren. Vor der Möglichkeit, nur mich selbst, nur das eigene zu finden, wo ich dich suche. Berühre ich dich, um zu tragen, was du trägst, ist es nicht länger Grenze an Grenze, kein Halt, schutzloses Weichwerden, Sein im Zwischen. Denn was ich erfahre, ist nicht in mir und nicht in dir, sondern zwischen deiner Hautgrenze und meiner Hautgrenze, wo? Ich ziehe meine Hand zurück, Gegenstand, Widerstand suchend.

Es ist möglich, vielleicht, und ich würde es gerne lernen, aber es ist noch nicht so weit. In ein anderes Zwischen will ich gehen mit dir, ein vertrauteres. Ich nehme die Gitarre zu mir, immer noch schweigend, und spiele die ersten Akkorde, wissend, dass du das Lied gleich erkennen wirst. Das Lied vom Meer, von Dünen, vom Norden, den du liebst. Und wieder geschieht Verwandlung, die mich beglückt und so sehr erleichtert, dass alle Schwere und Spannung aus meinem Unterarm weicht. Fast bleibt dein Gesicht unbewegt, doch du öffnest den Mund, du singst, in deiner Stimme, die so schön ist, wie sie es immer war, warm und tief und in den Tiefen gelöst, denn du versuchst nicht mehr zu sein. Nicht mehr dem Schönheitsempfinden anderer zu entsprechen. Das andere, das befreiende Nicht-mehr.

Ich gehe zu dir und lege noch einmal meine Hand auf deine. In dem von deinem Singen erfüllten Raum gelingt es: auf Verwandlung zu warten, ohne eine bestimmte Richtung zu erwarten, so lange bis Härte schwindet, Verkrampftes sich löst und Wärme strömt in unserer Verbindung.

Wo das Licht sich sammelt

Es ist Advent. Wir fahren in die Stadt, in der du aufgewachsen bist, zu einem Chorkonzert in der Kirche, die für mich immer das Bild einer großen starken Kirche prägen wird. Immer schon ist sie hörbar, sichtbar, wenn wir von der U-Bahnstation oder vom parkenden Auto herkommen. In der Dämmerung, die Lichter der Straßenlaternen gehen über uns an, meine Beine durchströmt eine erwartungsvolle Unruhe. Der Glockenschlag, ich kann ihn fühlen, nicht nur, dass mein Körper mit ihm vibriert, nein, ich werde von ihm erfasst und umfasst und hineingenommen in ein großes Geschehen. Immer, ja, sogar in den Sommernächten, in denen der Wind unsere bloße Haut mild umspielt, ist da in mir eine Resonanz zu dem, was nur an einem Abend im Jahr dort erfahrbar ist, dem mächtigen, unvergesslichen Eindruck: die übergroßen dunklen Torflügel der Westfassade weit geöffnet hinein in die dunkle Nacht, dass das Licht durch sie ströme und alle

Menschen willkommen seien – im Kirchraum und in der Welt. Doch noch ist Advent und dieses Jahr werden wir Weihnachten nicht hier sein, sondern in der Kirche der kleinen Stadt in der Nähe unseres Dorfes.

Wir betreten den Kirchraum, warmes Dunkel der hohen Wölbung. Vor mir, noch Kind, öffnet sich fast unübersichtlich groß der Raum, immer geht mein Blick zu dem Altarbereich, immer in dem Gefühl, es sei noch ein weiter Weg zu gehen, bis man da wäre, bei dem Heiligsten. Und oft würde man stehen bleiben und sich umwenden wollen, um zu dem Rosettenfenster über der Orgel aufzublicken. Auch wenn ich nach vorne blicke, spüre ich die Gänge der niedrigeren Seitenschiffe, in denen sich das durch die bunten Fenster einfallende Licht auf geheimnisvolle Weise sammelt und doch Raum lässt für das Halbdunkel. So ist die Unübersichtlichkeit mir selbst eine Geborgenheit: Alle, die in den Läden und Kaufhäusern, nur wenige Schritte entfernt, nicht ruhen, nicht fragen, nicht zögern, nicht weinen konnten, finden nun einen Platz – auf einer Bank, auf der die Beine müde sein dürfen, nahe einer der breiten Säulen, die schon so lange so viel getragen haben. Ich fahre mit meinen Händen über die raue Oberfläche einer der Säulen wie über die Rinde eines Baumes und sehne mich danach, meine Stirn an den kühlen Stein zu lehnen, den schweren Kopf nicht mehr selbst tragen zu müssen.

Heute werdet ihr nicht zusammen vorne singen, nicht mehr, nach deinem ersten und vor deinem zweiten Zusammenbruch warst du noch mit dabei. Du saßt dann oft, leicht schief zu einer Seite geneigt, während alle anderen standen. Ich hatte mich für dich gefreut, dass du immer noch dabei sein konntest. Nun bist du in Klarheit auf der anderen Seite, unter den Zuhörenden. Ich umschließe die Griffe des Rollstuhls mit meinen Händen.

Oft saßen wir Kinder während der Generalproben dort in der ersten Reihe, auch früher, als du noch gesund warst, um euch Großen zuzuhören. Es war beides: beglückend und langwierig, unbequem und oft kalt. Die Solistin setzte zum Wiederholen der Arie an und es war wie damals, in meiner frühen Kindheit, wenn du mir abends „Der Mond ist aufgegangen" vorsangst und nach der letzten Strophe wieder mit der ersten begannst. Ich muss wohl immer dabei eingeschlafen sein. Lange noch, bis in das frühe Schulalter hinein, habe ich gedacht, dies ist das eine Lied, das einfach kein Ende hat und dafür habe ich es geliebt.

Zuhörer sind wir, du nicht nur freiwillig, doch immer noch ist Platz für dich in diesem besonderen Raum, hier bist du nicht weniger willkommen, als du es wärest, wenn du laufen könntest. Erleichtert bin ich und dankbar, dass es diesen Ort gibt in der großen, bewegten Stadt, die du immer noch liebst, immer noch als eine frühe Heimat fühlst. Die Solistin setzt zur Wiederholung an und ich frage mich unruhig, ob du sehr frierst, ob es dir gelingen würde, deine Zehen zu bewegen, um deine Füße zu wärmen. Hätten wir noch eine zweite Decke von zuhause mitgenommen. Würdest du es mir sagen, wenn dir kalt ist? Fühlst du die Kälte so wie ich oder sind Teile deines Körpers taub und unempfindlich geworden? So kreisen meine fragenden Gedanken und ich weiß, wäre ich eins mit der Bewegung der Melodie, die ich höre, dann gäbe es keine Zeit, die berechenbar wäre, die lang würde, die nicht ausreichte.

Stille Nacht

Und dann der Abend, der kommt, wie auch der Frühling kommt, gleichgültig, ob wir bereit sind oder nicht, ihn zu empfangen und zu leben. Wir zögern beim Gedanken, aus dem Warmen aufzubrechen in die kalte, schneefreie Nacht und tun es doch: weil es immer so war, weil es früher so war. Die Steinstufen, die von der Haustür hinabführen zu dem kleinen Weg, über den sich schützend die Äste des Apfelbaumes neigen, im Licht der Straßenlaterne. Wir helfen dir vom Rollstuhl in den Autositz, es dauert länger. Wenige Minuten später in der kleinen Stadt: der Abend so heilig, dass alle Parkplätze vollgeparkt sind – bis auf diejenigen, mit dem wohlvertrauten Zeichen.

Auf den Flügeln der geöffneten Kirchentür ein Labyrinth. Die Tor macht weit … es ist alles dicht gedrängt, übervoll. Kein Platz. Doch, vielleicht für aufrecht stehende Menschen, für junge Väter, die ihre Kinder auf den Schultern tragen, damit sie das Krippenspiel sehen. Die Menschen blicken zu uns und rasch wieder zur Seite, vermeiden den Blickkontakt, die stille Frage und Bitte in unseren Augen. Wir versuchen es an einem anderen Eingang und machen dieselbe Erfahrung.

Der Abend so heilig. Als auch unsere direkte Ansprache wiederholt mit Kopfschütteln und Wegblicken begegnet wird, kehren wir wütend um, zurück in die kühle, klare Winterluft.

Am nächsten Tag werden wir mit dir Späße machen, auf einem rollstuhlgerechten Höhenweg gemeinsam in die Ferne blicken, Weihnachtslieder singen. Dieser Abend aber wird still, wie er es nicht werden sollte. Mein Mund fühlt sich verschlossen an, ich kann nicht mehr sprechen. Ich möchte meine Wut vor dir verbergen, du sollst dich nicht schuldig fühlen an meiner Wut.

Die Erinnerung an die Abendstunden im Advent, an die Erfahrung des großen Musik-Raumes, der mich umfasst und durchdringt und der gleichzeitigen Stille in mir, verblasst. Sie hält der Wut nicht stand. Die Heiligabendgemeinde! Du hattest den Bau dieser kleinen Kirche mitgeplant und nun sind sie nicht mehr bereit, einen Stuhl zur Seite zu rücken, damit dein Rollstuhl Platz fände.

Wer sind sie? Sicher war keiner der Menschen unter ihnen, die dich kennen und dich an anderen Tagen so herzlich aufgenommen haben. Ich habe kein Gesicht vor Augen, kein Gesicht, dass das Gesicht nur eines Menschen wäre. Keinen einzelnen Menschen sehe ich in meiner Wut, nur das die Menschen verbindende

Wegblicken. Ich nehme mir vor, nie wieder in eine Kirche zu gehen. Und werde den Vorsatz nicht einhalten.

Bin ich nicht selbst auch Teil dieses Wegblickens? Wie verhalte ich mich, wenn ich in der Fußgängerzone einer Stadt einem Menschen, der mit Behinderung lebt, begegne? Ich schaue nicht weg, nein, ich will sie oder ihn freundlich grüßen, will mit meinem Blick, mit einem Lächeln oder einem Wort sagen: Du bist Mensch, wie ich, gleichermaßen anders in deinem Ich-Sein. Dies will ich in Gesten allen Menschen sagen, doch wird mir dieser Wunsch nicht bei jedem Menschen, der mir auf der Straße begegnet, bewusst. Und so verhalte ich mich anders, verliere die selbstverständliche Zerstreutheit, mit der ich an anderen Menschen vorbeigehe, ohne über die Begegnung zwischen mir und ihnen nachzudenken. Während ich merke, dass es mir nicht gelingt, dem mit Behinderung lebenden Menschen genauso zu begegnen wie anderen, verspüre ich Verlegenheit und Hilflosigkeit, und dies, obwohl Erfahrungen mit Behinderung meinen Alltag durchdringen.

So versuche ich, mein Blick noch starr vor Wut, auf irgendeine Weise Verständnis aufzubringen für die Wegblickenden. Sie haben ihren vielleicht gerade so gefundenen Platz besetzt und nicht aufgeben wollen, egal für wen, es sollte nichts dringen zwischen sie und die erwarteten Bilder. Aber haben sie sich unwohl gefühlt mit ihrem eigenen Verhalten, haben sie gewusst, dass sie sich damit vor das Licht dieses Abends stellen, seine Strahlen daran hindern, den Raum zu erleuchten? Oder haben das Wegsehen und Besetzen des eigenen Platzes in Ihnen ein Gefühl der Stärke genährt, eine das Ich beruhigende Erfahrung von eigenen Grenzen. Wenn der andere behindert ist, bin ich es nicht – haben sie so gedacht, mit einer gewissen Genugtuung? Nein, ich werde die Wut nicht los.

Dabei, es erscheint mir ganz deutlich, spiegelt sich in dieser Haltung, in dem Nicht-Antworten und Wegsehen, ein Selbstverhältnis derjenigen, die sich als die ‚Gesunden', als die ‚Normalen' verstehen. Die Verletzlichkeit, die mit uns in diesen überfüllten Kirchraum eingezogen ist, es ist nicht nur unsere Verletzlichkeit, nicht wir sind die Anderen. Nein, immer: das Andere in uns, in uns allen, das Ausland im Inland, das Fremde im Vertrauten, die Beunruhigung in der scheinbaren Sicherheit. Auch daher die Wut, weil ihr Verhalten uns in eine Rolle gewiesen hat, uns aufgetragen hat, das vermeintlich ‚Andere' zu übernehmen, ja, zu sein. Aber ich will es nicht tragen! Alles Lebendige ist verletzlich. Dies ist vielleicht das Einzige, das wirklich alles, das lebt, verbindet. Das, wodurch wir alle zueinander hin geöffnet sind. Die Verantwortung, die aus dieser offenen Verbindung entsteht, sie kann nicht abgelegt werden durch den Versuch, sich in der Begegnung zu verschließen und wegzusehen. Aber was hilft es, zu sehen, dass es nicht stimmt, was das Wegblicken der Menschen uns zeigen sollte? Was hilft es zu wissen, dass diese Verbindung und die Verantwortung bestehen, auch wenn sie nicht gelebt, nicht eingelöst wird? Die Wegblickenden haben dennoch die Macht, einen Platz nicht freizugeben, unser Dabeisein mit Rollstuhl unmöglich zu machen. Wir hätten den Platz einfordern müssen, wir hätten es tun sollen, und ich quäle mich noch im Nachhinein. Wäre es nicht meine, unsere Verantwortung gewesen, eine wirkliche Störung, einen Aufstand zu wagen? Ich hätte es gekonnt, ich habe genug Wut in mir. Aber ich wollte es nicht, um deinetwillen, du hättest noch mehr unter der Situation gelitten. So war es richtig, zu gehen, in dieser stillen Nacht.

Mit geöffneten Armen

Tauwetter, um einen Bach herum sammelt sich der noch immer leuchtend weiße Schnee auf kleinen Eisschollen. Daneben, auf feuchten, hügeligen Wiesen Flächen von blassem Moosgrün und dem Beige der Steppengräser, die sich, nun von dem Gewicht der Schneemassen befreit, noch immer an den Boden schmiegen. Wiesen, über die du nicht mehr gehen kannst, über die kein Rollstuhl fährt. Du bist zuhause, in Begleitung, und bei jedem unserer Schritte fühle ich die Bezogenheit hin zu dir, immer mit der unausgesprochenen Frage, geht es dir gut, gut genug, dass wir weg sein können? Und zugleich: ein Verlangen nach der noch kühlen Frühlingsluft, nach den erwachenden Farben, den ersten wärmenden Strahlen. Von all dem will ich dir erzählen.

Ein paar Tage später fahren wir mit dir zu einem Bach, den ein Weg von kleinen Kieselsteinen begleitet. Auf der anderen Seite des Weges erhebt sich ein Wiesenhang, hohe Buchen streben zum Himmel, grau-silbrig schimmern ihre glatten Stämme, dann wird die Steigung sanfter und zwischen kleinen Felsen stehen vereinzelt Küchenschellen. Die Sonne fängt sich in den Mulden, das Wasser des Frühlingsbaches strömt neben uns. Ich beobachte die Bewegungen des Wassers, sehe, wie einzelne Strömungen ganz eigenständig und verspielt über kleine Steine springen und dabei doch Teil des Ganzen sind. Und so höre ich auch die kleinen Bewegungen wie viele feine Glöckchen, wie viele einzelne Stimmen und zugleich das Ganze des rauschenden Stromes. Am Ufer wachsen die leuchtend gelben Sumpfdotterblumen, die du besonders liebst. Wir halten an, um sie dir zu zeigen. Dann macht der Weg mit dem Bach eine Biegung und führt unter einem Felsvorsprung vorbei. Im Felsen hängen angeseilt Kletterer, ein in dieser, unserer Landschaft vertrautes Bild. Wieder werde ich langsamer, mein Blick geht nach oben. Dabei wird mir bewusst, dass du nicht deinen Kopf nach oben wenden kannst, so wie ich, und ich schiebe den Rollstuhl unter dem Felsvorsprung hindurch und wende mich mit dir, wieder in der Sonne stehend, noch einmal um. Wenn ich die Kletterer beobachte, erinnert sich mein Körper an dieses Gefühl: den blauen Himmel über sich wie ein Ziel, das man für seine Unerreichbarkeit liebt. Die Finger, die Halt suchen in den kleinen Vertiefungen des kalkigen Steins, ein so inniger Kontakt mit dem Festen, dem Stabilen dieser

Erde. Aber nur ein Kontakt, nur Berührung, kein Durchdringen, und die Berührung kann wehtun. Die Schwere des eigenen Körpers, fühlbar, sobald er den Boden verlassen hat, fühlbar als Anziehungskraft des Bodens selbst, Sehnsucht, die Schwere zu überwinden, doch voran geht es nur mit ihr, mit dem Widerstand. Eine zutiefst menschliche Erfahrung – ebenso wie die unsrige, du im Rollstuhl, wir dich schiebend. Für dich ist die Schwerkraft, dieselbe uns verbindende Kraft, eine andere. Ich weiß nicht, wie viele Millimeter du im Rollstuhl sitzend deine Beine heben könntest. Und ob du dich oft danach sehnst, Grund unter deinen Füßen zu fühlen.

Wir ziehen weiter. Wo der Weg ruhig und breit wird, stehen wir mit dir auf oder du mit uns und du läufst ein paar Schritte, von beiden Seiten von uns gestützt, läufst, ohne laufen zu lernen, bedürftig wie ein Kind und doch kein Kind. Drei Menschen bewegen sich, einander ganz nah, achtsam, aufeinander hörend, wie im Tanz die eigenen Bewegungsimpulse mit den Bewegungen der anderen in Einklang bringend.

So sehr menschlich ist dieser Tanz, dieses Halten und Stützen, wie das Umklammern des Felsvorsprungs, es ist die Sehnsucht, die eigene Kraft zu spüren, die eigene Bewegungsmöglichkeit, das Oben und das Unten und das Sein im Zwischen, die Zugehörigkeit zur Erde und zum Himmel.

Wenn du läufst, mit uns, immer läufst du mit geöffneten Armen. Wie weit du dich aufrichten kannst, zeigt deinen Gemütszustand, deine Grundkraft an. In den guten Stunden wirst du geradezu lustig, sobald du stehst. Während wir gehen, singst du dann, oder du wiederholst immerzu liebevoll scherzend einen Satz, der dich froh macht, eine Erinnerung an deine längst gestorbenen Eltern. In anderen Stunden bleibst du stark gebückt, dann ist es viel schwerer, gemeinsam zu gehen, viel schwerer, selbst gerade zu bleiben. Dann müssen wir gemeinsam vertrauen – du, dass wir dir Halt geben werden und wir, dass wir es vermögen, Stütze und Halt zu geben.

Wir kehren um und helfen dir langsam wieder in den Rollstuhl. Als du wieder sitzt, löse ich mich und laufe voraus, laufe so wie du eben mit geöffneten Armen, in der Mitte das Herz zur Welt hin offen. Das in mich einströmende Außen, vor dem ich mich so oft zurückziehen möchte, hier, in dieser Frühlingswelt kann ich all die inneren Fenster öffnen, und ich bin glücklich zu wissen: Du bist hier mit uns, immer noch in diesem Leben, in diesem irdischen Frühling.

III Entlang der Grenze

Schutzlos

Jahre sind vergangen, die Abiturprüfungen liegen hinter mir. Wieder ist es Frühling. Im vergangenen Winter hast du oft von Orten und Landschaften gesprochen, nach denen du dich sehnst. Wüsste ich nicht, dass es Orte sind, an die du dich erinnerst, würde ich denken, dass du von einem Lebewesen erzählst, zu dem du in einer liebevollen Beziehung lebst. Deine Stimme wird so warm, so voll Zuneigung, und mir ist, als müssten die Orte dies hören oder spüren, als müssten sie deine Zuneigung empfangen und erwidern. Es ist seltsam zu denken, dass sie auch ohne einen sind, die Orte, für andere da oder ganz für sich, ungesehen. Wer fühlt ihre Stimmung? Das Fischerörtchen Svaneke an einem windigen, stillen Abend. Du sagst nicht viel, aber ich fühle das Bild, lausche mit geschlossenen Augen und ich frage mich, ob es ein Ort oder zwei verschiedene Orte sind – in den von dir geschilderten Bildern und in einer genau bestimmbaren Gegenwart der äußeren Wirklichkeit.

Du sagst, noch einmal und so sehr möchtest du dort wieder sein, in den Bergen, wo ihr jung wart, und auf deiner skandinavischen Insel. Und so fahren wir im Frühjahr mit dem Rollstuhl in die Berge. Damit du nicht zu lange in einer Sitzhaltung bist, verlassen wir den Brennerpass und suchen eine Haltemöglichkeit. Von der kleinen, sich windenden Straße führt kein Fußweg ab, aber das Gras ist niedrig und wir schaffen es, den Rollstuhl bis zu einem Felsen zu schieben, hinter dem eine kleine flache Ebene ist. Dort sehen wir die Straße nicht mehr, nur in der Ferne rauscht die Autobahn. Es ist windig. Wir stellen die Liege auf, die es dir ermöglicht, für eine Weile ganz flach zu liegen. Keine geschwungene Gartenliege, du liegst ganz eben.

Ich sehe dich und fühle, dieses Bild wird mich auf allen Reisen in diesem Jahr begleiten. Du auf deiner flachen Liege, umgeben von einer großen Natur, in die du nie mehr allein gekommen wärst. Fast zu mutig klang es schon: „mit dem Rollstuhl in die Berge." Nun verstehe ich, warum. Du bist hier mit uns, aber nichts ist wie früher, und mit dem schneidenden Wind wird es mir in einer gewissen Bitterkeit bewusst, was ich doch hätte wissen müssen: Kein Wunder der Verwandlung wird hier stattfinden, auch nicht in der Größe dieser Natur. Du wirst nicht wieder aufstehen. Nicht wie Clara, die lähmende Traurigkeit und geschwundenen Lebensmut in der Frische und Schönheit von Heidis Bergen hinter sich lassen konnte, wirst du wieder laufen. Und während ich dies denke, überkommt mich ein Ärger über das Wunschbild, das ich in harten Gedanken als kindisch bezeichne und wütend von mir schiebe.

Was tun wir hier, was suchen wir? Wir sind hier, weil du es dir so gewünscht hast, doch ich muss schlucken, während ich mir eingestehe, dass ich es für Momente kaum aushalte, dich so schutzlos zu sehen, in diesen Weiten, so angewiesen auf unsere Hilfe. Zuhause bist du es auch, schon seit Jahren kannst du dich nicht allein fortbewegen, keinen Meter, die Wege nur in

Begleitung erleben: vom Wohnzimmer in den Garten, vom Wohnzimmer in dein Schlafzimmer, vom Wohnzimmer ins Bad. Und manchmal ein Ausflug mit dem Auto. Doch hier, in einer Umgebung, in der auch wir, die wir laufen können, unsere Schritte achtsam setzen, wirkt deine Verletzlichkeit für Momente ins fast Unerträgliche gesteigert. Ja, selbst wenn der Grund ruhig unter uns ist, selbst auf der geteerten Straße: Der Wind, der so scharf durch die Schluchten und über die Höhen zieht, die schroffen Felsen, die reißenden Bäche – wenn ich dich hier ausgestreckt auf der leichten, tragbaren Liege sehe, wirkt all das, was zugleich so schön ist, zu mächtig, zu groß. Ich ziehe die Decke, die über dir liegt, ein bisschen höher.

Die Erde unter uns

Stunden später stehe ich im Schatten der großen Kirche mit ihrem spätgotischen, filigranen Glockenturm. Die bunt gemusterten Dachziegel der Kirche erinnern mich an eine Schlangenhaut und mir gefällt der Gedanke, das Muster, welches ich mit dem erdnahen Tier verbinde, sei in größte Himmelsnähe gesetzt worden. Ich blicke nach oben und kneife die Augen zusammen. Der Schatten ist so tief, die Helligkeit so hell. Doch nicht nur der Lichteinfall ist anders hier. Geräusche dringen aus den kleinen Espressobars, ihre Türen stehen offen. Wieder fühle ich, neben deinem Rollstuhl gehend, den Kontrast meiner Jugend. Ich fühle meine Beine, die gehen können, die rennen wollen, die versuchen, sich an die gemeinsame Geschwindigkeit anzupassen. Die immer unterdrückte Sehnsucht nach Leichtigkeit bricht auf, bahnt sich ihren Weg nach außen in der Frische der norditalienischen Städte.

Die ersten Tage sind wir untergebracht in einem kleinen, hoch gelegenen Bergdorf, in dem ihr oft gemeinsam wart, bereits lange vor meiner Geburt. Doch diese Unterkunft ist neu, das Ankommen ist kompliziert, „rollstuhlgerecht" heißt nicht viel mehr als: Es ist irgendwie möglich. Wir ahnen, dass du die Silhouette der Berge nicht so siehst wie wir. Dennoch wirkst du froh, empfangend, die Augen weit geöffnet. Vielleicht atmest du in der Frühlingsluft etwas Vertrautes mit ein, vielleicht umgibt und erfüllt dich die eigene Atmosphäre dieses Ortes und das Früher, in dem du glücklich warst, wird wie durch einen Lufthauch berührt und gerät wieder ins Schwingen. Vor dem Haus, mit Blick in das weite Tal und empor zu den Bergen ist eine helle ebene Wiese, auf der eine kleine Laube steht. Dort gehst du geführt von zwei Seiten ein paar Schritte barfuß durch das zarte und doch kräftige junge Gras. Du lachst und strahlst und wieder fühle ich, für einen Moment, es ist alles vollkommen, es ist alles da. Nichts, was es darüber hinaus geben müsste, nichts, womit diese Erfahrung verglichen, woran sie bewertet werden müsste: im Frühling, in der Sonne, in den Bergen. Du lebst, du bist da, du bist hier. Deine Füße haben Kontakt zur Erde unter dir, zu einem geliebten Stück Erde. Und ich denke: Egal, was jetzt kommt, für diesen einen Moment haben sich alle Mühen der Reise gelohnt, in diesem einen Moment haben wir alles gefunden, was wir gesucht haben.

Am nächsten Tag fahren wir mit einer Ausnahmeerlaubnis des Försters zu der Alm auf über 2000 Meter Höhe, die ihr sonst immer erwandert habt. Das Auto neigt sich, nicht nur in den Kurven, immer wieder werden wir leicht nach oben geworfen, links von uns geht es steil hinab in die Tiefe. Ich fühle mich unsicher, viel unsicherer, als ich mich je zu Fuß auf diesen Wegen hätte fühlen können. Mir wird übel, am liebsten möchte ich aussteigen, aber ich widerstehe dem Impuls – um bei dir zu bleiben, vielleicht auch weil ich fürchte, das Auto könnte umfallen, wenn es jetzt plötzlich stoppt. Das Auto bewegt sich als Fremdkörper durch diese kraftvolle und zugleich empfindliche Landschaft und ich weiß für einen Moment nicht mehr, wie es zu begründen ist, was wir hier tun. Nicht nur aus dem Auto, sondern aus der Situation möchte ich aussteigen, möchte nicht, dass die Erschütterungen der Fahrt dir körperlich wehtun. Und ich möchte mich nicht sorgen müssen, dass sie es tun. Ich möchte nicht, dass die Murmeltiere und Gämsen und Vögel aufgescheucht werden. Und möchte mich nicht schuldig fühlen, Teil dieser lauten, die reine Luft verschmutzenden Maschine zu sein, die Menschen erfunden haben.

Mit dem Rollstuhl in den Bergen. Ein Oxymoron.

Hätten wir dich führen können, den ganzen Weg, am besten mit bloßen Füßen. Aber es wäre zu weit. Hätten wir zuhause bleiben sollen oder in jedem Fall unten, im Dorf. Diese Erde hier oben, die Pfade, sie müssten durch die Berührung unserer Füße geheiligt werden, nein, sie sind heilig in ihrer Widerständigkeit und Schönheit, ihre Unzugänglichkeit dürfte nur vorsichtig, in Ehrfurcht überwunden, erwandert werden. Keine Autoreifen, keine Rollstuhlräder dürften den direkten Kontakt zum Boden verhindern. So berühren meine Gedanken um Entschuldigung bittend jeden Stein, über den die schweren Reifen rollen.

Und im nächsten Moment fühle ich eine innere Wendung. Kein Heiliges soll es geben, dass seine Schönheit nur denjenigen zeigt, die gerade Stehen und mit gesunden Beinen laufen können. Du sollst hier sein dürfen. Du sollst überall sein dürfen.

Der Widerspruch bleibt offen wie die tiefen Täler. Von der erbauten Welt der Menschen können und müssen wir erwarten, dass sie sich deinem So-Sein anpasst, dass die Wege durch die Städte, in die Konzerthäuser und Museen für alle Menschen im Rollstuhl gleichermaßen offen sind wie für alle Gehenden. Doch von der unverbaubaren Welt der Berge, die uns anzieht, weil sie so ursprünglich, so sehr von sich her ist – was dürfen wir von ihr erwarten? Dass ein Bild uns erfüllt?

Erleichtert bin ich, als das Auto hält, auf der Höhe, bei der Almhütte. Die Luft ist klar, die steilen Wiesenhänge mit den niedrigen Bergfichten so schön, wie sie es immer waren, gewiss. Aber ich fühle mich nicht, wie ich mich fühlen möchte. So weit sind wir gefahren, über den Brenner, hinauf in schmalen Serpentinenstraßen und schließlich über die steinigen Bergwege, all das, um hier zu sein, um hier anzukommen. Ich sehe dich an. Du wirkst müde. Ich wünschte, das Licht würde sich brechen und sie wären schon da, die Abendstunden, in denen die Umrisse weicher werden und der Blick über die absteigenden Hügel sich in einer unbestimmbaren Tiefe verliert. Doch es ist Mittag, blendend heller Mittag, kein Schutz im Schatten einer Wolke, unausweichliche Gegenwart und die Konturen sind scharf. Vor uns die Hütte. Wanderer machen auf der Terrasse Rast, lehnen sich genussvoll auf den Holzbänken zurück, warten auf ihre Bestellungen. Wir grüßen, aber ich würde gern nicht gesehen werden.

Innen, in der Almhütte, gleiten meine Hände über das helle, freundliche Holz, meine Augen suchend, bis mein Blick an einem kleinen Schächtelchen hängen bleibt. Immer noch stehen dort die kleinen Werbekärtchen zum Mitnehmen mit einem Bild von euch und meinen zwei ältesten Geschwistern. Aufgenommen, bevor ich geboren wurde, ein Bild als Beispiel für die glücklichen Besucher dieses Ortes. Ich betrachte lächelnd das kleine Kärtchen, sehe einen warmherzigen, großzügigen, humorvollen Vater. Es hat etwas Irreales.

Ist es wirklich alles ein Leben? Oder sind es viele verschiedene Leben in einem und wir sterben viele verschiedene Tode, alle, bereits in diesem irdischen Leben?

Bonum est confidere

„Siehst du, dort, den Sass Rigais?“, frage ich, zu dir hinab gebeugt, sodass unsere Wangen sich fast berühren, ich lege Begeisterung in meine Stimme. Du blickst in die andere Richtung und antwortest „Schön!“. Als hättest du die Bewegung meiner Hand nicht gesehen oder nicht verstanden oder als wäre das für uns klar lokalisierbare Gegenständliche auch in jeder anderen Richtung zu finden. Es war dein Traum, diese Berggruppe noch einmal zu sehen.

Ein Wind kommt auf, zieht durch mich hindurch. Auf über 2000 Meter Höhe erfasst mich so klar, dass es schmerzt, die Ernüchterung.

Alles, was wir suchen, dem wir mit so viel Aufwand im Materiellen nachgehen – wir werden es nicht finden, nicht dort, wo wir es suchen, nicht im Äußeren. Deine Bilder sind nicht unsere Bilder. Die uns umgebende Welt ist nicht beruhigend die eine, von uns gemeinsam benennbar, beschreibbar. Ich weiß nicht, was du siehst und wie du siehst, und ich werde es nicht herausfinden. Du siehst die Dinge anders als wir und vielleicht auch Anderes. Ich stehe wie an einem Wendepunkt, doch ich sehe den anderen Weg nicht, noch nicht, der von dem Gegangenen abzweigt und wegführt von dem Vertrauten. Dabei ist mir, ich könnte ihn sehen, wenn ich den Mut hätte, ich könnte die zweite Wirklichkeit sehen, die sich über die gesehene, die oft als einzig anerkannte ausbreitet. Ist es eine

Wendung nach innen, durch die ich auf dem anderen Weg weitergehen könnte, bis deine Bilder wieder meine sind und ich dir nahe bin?

Nein, nicht nur innen, kein Innen, das wie eine Insel von einem Außen umschlossen ist oder ihm gegenübersteht wie ein anderer abgegrenzter Raum. Nicht hinter oder unter den wahrgenommenen Formen spüre ich sie, die andere Wirklichkeit. Irgendwo, im Unsichtbaren, der Anfang, gleich einer vibrierenden Tiefenschicht und von dort aus: die Bewegung, die eigentlich nie aufhörende, die für unseren erkennenden Blick in den Dingen, in den Formen zum Stillstand gekommen ist.

Zu hell ist es hier oben, immer noch. Ich fühle in großer Klarheit, es gäbe eine Konsequenz aus dem Erahnten und Erlebten zu ziehen, ich fühle, *dass* es den anderen Weg, die Abzweigung gibt. Aber ich kann sie nicht sehen, ich kann sie nicht gehen. Nicht ohne den festen Stand zu verlieren. Zu sehr hänge ich an dem Vertrauten und habe ich nicht ein Recht dazu, muss ich nicht an ihm hängen, um hierzubleiben, in diesem Leben? Wohin du gehst, kann ich nicht mitgehen. Nicht weiter als bis zu dieser Grenze, in dieser Höhe, in der die Luft schon dünner wird und das Licht sich gleißend hell über die kraftvollen Steinformationen legt, welche allen menschlichen Versuchen, sie begehbar und nutzbar zu machen, widerstehen.

Mit dem Abstieg wächst der Abstand zu dieser Erfahrung. Jetzt würde alles anders sein, so habe ich gedacht, ich würde anders sein, diesen Moment immer erinnernd, ich würde ruhig und klar und ernst sein, immer mit dem Wesentlichen verbunden. Doch das vermeintlich Unwesentliche ist, was uns im Hier und Jetzt verbindet und ich bleibe nicht immer ernst, zum Glück. Momente der Leichtigkeit und Momente, die langwierig und mühsam sind, wechseln sich ab und die Erinnerung an dieses große Gefühl, an einer Wegscheide zu stehen, verblasst. Vielleicht wende ich mich auch von ihm ab und dem gemeinsamen Leben zu, ahnend, dass dieser Augenblick in der Höhe der Berge die Einübung einer Haltung forderte, die ich brauchen werde, wenn du wirklich gegangen sein wirst, hinüber, in die andere Wirklichkeit. Futur zwei.

Am Abend sitzen wir auf dem Balkon, ich trinke ein Glas Wein, ich schon, du nicht mehr. Die Abendsonne färbt den Felsen der vertrauten Berggruppe. Dieser Anblick war für mich in der frühen Kindheit die vielleicht erste Erfahrung einer mächtigen, überirdischen Schönheit. Nun blicke ich in einer Distanz zu den glühenden Bergen hinüber, nüchtern, trotz des Weines, und doch wehmütig lächelnd, wieder nicht wissend, ob du siehst, was ich sehe. Dieser stolze, größte Berg der Gruppe, immer haben wir dich als Kinder gefragt, wann du dort mit uns hinaufgehst. Immer hast du geantwortet: noch nicht, später, wenn ihr größer seid. Ein Später, das nie kam. Und zwischen Noch-nicht und Nicht-mehr das ungelebte Leben, dem mein wehmütiges Lächeln gilt. Unüberbrückbare Kluft, da und doch nicht da, lebendig in uns, wenn wir der Stoff sind, aus dem die Träume gemacht sind.

Auf der Heimfahrt halten wir, bevor wir die Grenze überqueren bei der Kapelle in einem kleinen Städtchen. Es gibt eine Rampe für deinen Rollstuhl, die schwere Holztür gibt knarzend nach. Außer uns ist niemand in dem halbdunklen Raum. Die Verschlossenheit der Heiligabendgemeinde vor wenigen Jahren habe ich fast vergessen, ich fühle eine Freude und Dankbarkeit darüber, überall auf Reisen an diesen Orten der Stille willkommen zu sein. Hier ist Raum für dich wie für uns. Hier ist Stille, die keine reine Abwesenheit von Lärm ist. Stille, die immer wieder ersungen wird. Und so singen wir mehrstimmig: „Bonum est confidere." Gut ist es, zu vertrauen, gut ist es, zu hoffen. Die Sonnenstrahlen brechen sich im bunten Glas der hohen Fenster und mit den Streifen vibrierenden Lichts bricht die größere Wirklichkeit, die ich in den Bergen als überwältigend empfunden habe, hinein in diesen Raum, der für einen Moment ganz unserer sein darf. Behütet in den rauen Steinmauern, die Schutz bieten vor dem scharfen Wind und doch Offenheit zur Höhe. Innen und außen, Weite und Geborgenheit nicht mehr im Widerspruch. So fahren wir zurück und haben doch mehr gefunden als die Enttäuschung über die Unmöglichkeit der Wiederholung.

Auf der regennassen Straße

Im selben Jahr führt uns ein zweiter Urlaub nach Norden. Dass wir fahren, trotz aller Ernüchterung in der kühlen Höhe der Berge, ist Zeichen der Sehnsucht nach dem Wiederfinden – Sehnsucht, die weder in dir noch in uns aufhört. Zwar erinnere ich, was ich erkannt habe und nicht vergessen wollte. Es war nur eine Ahnung und doch für einen Moment so deutlich. Ich konnte nicht sehen, was es ist, nicht klar umrissen, nur dass es ist, dass es ihn gibt, diesen anderen, inneren Weg, und von ihm ein Aufruf an mich geht, ihn zu gehen oder aber dich gehen zu lassen. Die Almhütte, von der wir dachten, sie bereits wäre das große, das endlich erreichte Ziel, im Rücken. Innerlich stehe ich noch oft an diesem Scheidepunkt, unentschlossen, ja, unfähig noch, eine Entscheidung zu treffen, wissend, dass es um ein Loslassen geht, das alles bisher Erfahrene übersteigt und ein großes Vertrauen braucht. Ich spüre, es werden noch Erfahrungen kommen auf unserem gemeinsamen Weg, durch die wir werden hindurchgehen müssen. In allen Reisevorbereitungen ist dies das unsichtbare Gepäck, das wir ungefragt als Aufgabe mitnehmen.

Es ist die erste lange Autofahrt, bei der ich selbst am Steuer sitze. Ich fühle mich klar und mutig, in den Rollenwechsel, der viel zu früh stattgefunden hat, kann ich mich nun fügen, ihn auf eine Weise bejahen. Dem Kind, das ich in vielen Momenten nicht mehr sein konnte, bin ich entwachsen, wenn es auch in mir bleibt – als Kind. Ich habe mich mental auf alles vorbereitet, von dem ich glaube, dass es in meiner Hand liegen wird, den Autoatlas studiert, die Knotenpunkte der Autobahn notiert. Und all das gelingt, doch neben dem Kontrollierbaren: die Verletzlichkeit, die, abermals, im Unterwegs-Sein so viel deutlicher bewusst wird. Die Behindertentoiletten auf den Raststätten, um den Schlüssel bitten. Du zusammengesunken im Beifahrersitz, keinen Halt, wir wickeln Kleidungsstücke zusammen, um deinen Kopf zu stützen, der immer wieder zur Seite sinkt. Und schließlich die Fährenüberfahrt im Regen. Alles so, wie es früher nicht war. Erinnere ich es oder stelle ich es mir nur vor, wie du dich lachend über die Reling lehnst, alle Mühen des Arbeitsalltags hinter dir lassend, wie du hinunterblickst in die spritzende Gischt und nach vorne in die Richtung, in der die Fähre die Meeresfläche zerteilt, den Weg bahnt, hin zu der Freiheit, die, für ein paar Wochen, vor dir liegt. Unwillkürlich, müde lächelnd, sehe ich doppelt, sehe, wie die Bilder sich übereinanderlegen, der stille, einlullende graue Regen und der helle Sommertag, darin du, mitten im Leben.

Wir landen auf der Insel, steigen wieder ins Auto, das mit auf der Fähre transportiert wurde. Es regnet immer noch und bald kommt die Dämmerung. Kurz halten wir noch an einem Supermarkt, es fällt mir schwer, Kaufentscheidungen zu treffen, alles wirkt so teuer und, auch wenn wir eine Nacht unterwegs verbracht haben, bin ich müde von der langen Fahrt. Kleine Gegenstände rufen Erinnerungen in mir wach, der Joghuhrt in den Tetrapack-Tüten, Sommermorgen, wir Kinder mit nassen zerzausten Haaren am Tisch – waren wir schwimmen vor dem Frühstück oder ist es, wieder, nur ein Bild?

Die Ferienwohnung finden wir nicht sofort, hier waren wir noch nie. Es hat sich eingeregnet und ist nun fast dunkel. Als wir nacheinander durch die etwas niedrige Tür gehen, nur das Nötigste an Gepäck bei uns, ist mir, als ginge da noch jemand mit hinein, in den Raum, durch die noch leicht geöffnete Tür. Ein unsichtbarer Begleiter, ungerufen und doch da. So deutlich und so wehrlos spüre ich diese Präsenz, doch ich bin zu müde, um darüber nachzudenken. Ich nehme es nur zur Kenntnis. Es hat nichts Dunkles, Bedrohliches. Hier drinnen ist alles weiß, anders als bei uns zuhause, und auch der Begleiter, den ich fühle, scheint mir ganz hell zu sein. Ich weiß, es hat mit dir zu tun und in meiner Müdigkeit nehme ich es an, wie eine kaum verwunderliche Realität. Am nächsten Morgen gehe ich nach dem Aufwachen gleich an den Strand, es ist windig. Du wirkst mitgenommen von der Fahrt und ich frage mich, ob wir dir zu viel zugemutet haben, vielleicht wirst du krank.

Ich möchte hinaus mit dir, die Umgebung sehen, dir zeigen, dass wir wirklich hier sind. Meine Hände umgreifen die vom Regen noch feuchten Griffe deines Rollstuhls. Ich gehe zügig, ich weiß nicht genau, warum. Fürchte ich, würden wir langsamer werden oder gar anhalten, würden wir es beide wissen, es unbarmherzig wissen, dass du nicht siehst, wie ich sehe, und ich nicht sehe, wie du siehst? Wir beide deine Erinnerungen suchend, ich in den Bildern, die mich umgeben, die denen ähneln, welche du mir oft beschrieben hattest. Und du, in meinen Worten, in deinen inneren Bildern oder in der Stimmung, die das innere und äußere Erleben durchdringt und verbindet?

Ich beschreibe dir, rasch atmend, die Umgebung, die Farben der Häuser, ihre dem Himmel nahen Dächer, das tiefdunkle Grau der regennassen Straße. Anhalten möchte ich und dich fragen: Siehst du dieses dunkelgrüne Haus mit den hellen Fensterläden? Und ahne doch, du würdest wieder sagen, „Ja. Ich sehe es." Und würdest doch ganz woandershin blicken. Die ersehnte und wieder erlebte Vergangenheit, die Gegenwart, in der wir fast verzweifelt nach etwas suchen und die Zukunft, an die ich nicht denken möchte, wissend, dass sie uns noch weiter voneinander entfernen könnte. Wieder überlagern sich die Zeitschichten, verdichten sich in dem Gefühl, so atemlos zu suchen, was nicht mehr zu finden ist, und doch zugleich so nah, so ganz nah einer anderen Wahrnehmung, einem anderen Sein zu sein, in dem alles da ist. Auch das Verlorene.

Die Berührung der feuchten Luft auf der Haut meines Gesichtes, das Geräusch meiner Schritte, nur meiner, die Räder deines Rollstuhls gleiten fast lautlos. In ihm sitzend berührst du den Boden nicht. Bist du befreit von der Reibung und Berührung mit dem Gegenständlichen? Aber ist nicht in dieser widerständigen, manchmal schmerzhaften Berührung die Erfahrung der Gegenwart selbst? Ein Widerstand, ein Gegenstand, ein Aufeinandertreffen von Ich und Welt, von Vorhaben und Vorfindbarem. Und sobald er als solcher bewusst wird, der gegenwärtige Moment, ist er schon vergangen, allen Versuchen, ihn zu benennen und zu fixieren, immer entgleitend. Wir sagen ‚jetzt' und versuchen, in der Bewegung, die wir selbst sind, innezuhalten. Bist du gelöster, losgelöst von dieser Erfahrung der Gegenwart als Widerstand und als Entzug, befreit hinein in eine weitere Erfahrung der Zeit, in der die Gegenwart das Gewesene und das Kommende umfasst?

Ich sage dir dennoch die Dinge, die ich sehe, die Wahrnehmungen meiner, unserer Gegenwart, alle sind sie gleich wichtig: Hier ein niedriger Zaun, dort lehnt ein Besen an der Hauswand neben der Tür, nun trägt der Wind den Geruch des Meeres zu uns, spürst du es, die Luft ist salzig. So male ich dir das Bild unserer Umgebung, Halt suchend, meine Hände an den Griffen deines Rollstuhls.

Am Abendbrottisch in der weißen Ferienwohnung ist es unübersehbar: Du bist nicht nur geschwächt von der Hinfahrt. Dein Kopf ist tief nach vorn geneigt, alles zieht nach unten, du scheinst uns kaum wahrzunehmen. Und wieder ist mir, als wären wir nicht ganz für uns, als säße noch jemand mit am Tisch, fühlbar, nicht sichtbar, hier, um dich zu begleiten. Doch es ist niemand, an den ich mich wenden könnte, in meiner Angst, dich in so großer Schwäche zu sehen. Oder könnte ich es, aber will es nicht? Ich fühle sein Dasein so wie wir manchmal den Blick eines Menschen spüren, noch ehe wir das zu uns blickende Gesicht gesehen, noch ehe wir ihn erwidert haben. Du sollst noch etwas essen können, wir stützen dich, dann betten wir dich so, dass dein Kopf ruhen kann. In allem, was ich tun will, um dir zu helfen, werde ich für einen Moment wieder ganz still. Hilflos still. Akzeptierend still. Wie sollte ich mich auflehnen gegenüber dieser anderen Gegenwart, fühlbar, wie die des unbegangenen Weges? Gegenwart, kein Gegen-stand, an den wir stoßen, dessen Berührung wir als Widerstand, als Reibung fühlen, sondern: Präsenz, Zugewandtheit. Es ist nicht dunkel, nein, nur so anders.

Ich bring' dir die Bilder

Du bist krank geworden. Warst du vorher gesund? Deine Kraft verlässt dich, hat dich verlassen. Wir sitzen an deiner Bettkante, hier, oben im Norden, hier, wo du wieder sein wolltest und versuchen zu verstehen. Soll unser gemeinsamer Weg hier enden? Hast du gewartet, an diesem Ort zu sein, um gehen zu können, aus diesem Leben? Können, ja, sollen wir dich lassen? Oder sofort einen Arzt rufen, in eine Klinik fahren, alles wieder von vorne, um dich am Leben, in unserer Nähe zu halten. Aber wärst du wirklich in unserer Nähe? Ich kann dich so nahe fühlen, während du physisch nicht anwesend bist und unerreichbar fern, obwohl wir gemeinsam in einem Raum sind. Als Kind habe ich der anderen Nähe wenig getraut, habe gesagt und geschrieben, ich will dich behalten, egal wie. Nun, bald zehn Jahre später, wissend, wie unglücklich du in jeder Klinik warst, fühle ich anders. Ein weiteres Mal auf diesem langen Weg des Abschieds und der Verwandlung fühle ich die vom Leben an mich gerichtete Frage, wie bereit ich bin, loszulassen, was wir gemeinsam haben, was wir fühlbar, sichtbar teilen, wie bereit ich bin, dich loszulassen. Wenn klar wäre, dass dieses irdisch körperliche Menschenleben, wie es auch sein mag, alles ist, das einzige und letzte, dann, wäre ein leidvolles Weiterleben vielleicht besser als nichts. Es wäre nicht möglich, einen geliebten Menschen in ein Nichts loszulassen. Aber es ist so wenig klar und alle Erfahrungen auf dem Weg, den wir bis hierhin gemeinsam gegangen sind, deuten in eine Weite jenseits der Gegensätze von Etwas und Nichts.

Es ist mild draußen. Du bist sehr schwach und still, aber du scheinst keine Schmerzen zu haben. Wir tragen Decke und Kissen aus deinem Schlafbett hinaus auf die Terrasse und betten dich dort wieder auf eine Liege, damit du den Himmel siehst. Abwechselnd bleiben wir bei dir, an deiner Seite. Und wenn ich gehe, ist es wie damals, nach deinem ersten und nach deinem zweiten Zusammenbruch: Durch dich dem Tod so nahe ist mein Erleben, meine Wahrnehmung von einer verzweifelten Liebe zu allem Lebendigen durchdrungen. Ich laufe zügig, um rasch wieder bei dir zu sein und alles zu dir zu bringen, alles, was mein Blick vermag zu tragen. Die Sonne steht schon tief, ich laufe zur Bucht, springe über die glatten kleinen Felsen, die aus dem Wasser ragen und halte inne am äußersten

Punkt. Ich fühle ein Brennen in meinen Augen in all dem Bemühen, selbst zum Spiegel der Welt zu werden, für mich, für dich, damit es, ich wünsche es so, eine Erinnerung gibt, eine gemeinsame, eine zugängliche, die alles hält. Als könnte ich selbst diese Erde ein letztes Mal sehen in diesem Tageslicht. Ich schaue so lange, so durstig, bis ich sicher weiß, ich kann dir davon geben. Ich laufe zu dir. Ich bring' dir die Bilder. Immer in dem Gefühl, zu spät zu kommen, immer in der Reue. Im Dünenwind.

Dann sitze ich an deiner Seite, noch tief atmend, du schläfst. Das Leben strömt durch mich, sodass es fast schmerzt, und daneben: die tiefe Ruhe, die von deinem Körper ausgeht. Deine Stirn ist glatt und gelöst. Ich schließe die Augen, höre den Wind in den Kiefern, spüre die Nähe des Meeres. Was ist diese Ruhe? Ich fürchte mich vor ihr, dabei hat sie nichts Bedrohliches. Ist sie die Leere, das Gegenstück der Überfülle, die mich so atemlos, so suchend sein lässt? Sie geht von dir aus, diese Ruhe, ist nicht nur in dir. Es ist, als wäre der Raum weit geöffnet in das Andere, das so Andere, das wir manchmal nur als das Gegenteil von Etwas denken können, in unserem von Gegenteilen geprägtem Denken. Grenzen und Gegenteile durchziehen das Leben, das den Tod immer vor sich hat. Hier, mit dir vor deinem Tod stehend, nein, von ihm umgeben, zeigt sich dieser mir nicht als eine scharf gezogene Grenze. Blicke ich auf dein gelöstes Gesicht, spüre ich den tiefen Kontrast zu der unruhigen Bewegung in mir und in dieser Wahrnehmung eine Panik, du entgleitest mir, ich kann dir die Bilder nicht mehr bringen, ich kann dir nicht mehr sagen, was ich sehe und zu dir sprechen: „Weißt du noch?“ Doch blicke ich länger in das Gelöste, durch die Panik hindurch, sehe ich, dass diese Ruhe nicht nur die Abwesenheit von Bewegung ist, kein Stillstand, kein Ende, sondern etwas Neues, Anderes, vielleicht, was wir nennen: Frieden. Es wäre nicht möglich, dich in das Nichts gehen zu lassen. Aber das Nichts, so ahne ich, gibt es nur in Idee und Vorstellung, ein Wort in Ermangelung der Möglichkeit zu sagen, es ist dies oder: Es ist so ähnlich wie das. Ist der Tod eine Grenze, so ist er die Grenze der Sprache, des Sagbaren. Ich lasse die Augen geschlossen, meine Augen, die so viel für dich aufnehmen wollten.

Der Himmel, sichtbar

Du schläfst viel und ruhig und scheinst dich zu erholen. Vielleicht bleibst du bei uns, vielleicht. Und wenn du nicht bleibst – ich kann nicht mitgehen. Die Leere ist nicht, wohin du gehst, die Leere ist in der Unmöglichkeit es zu teilen. Ich übe mich nun bewusst darin, auf allen Wegen, die ich allein gehe, nicht nur für dich zu schauen. Kann ich der Schönheit der Welt, nein: dem Sehen der Schönheit der Welt einen Wert zuerkennen, wenn ich dir nichts davon abgeben kann? Ich habe gewusst, immer, wie sehr ich als Jüngste, die ich die kürzeste Zeit mit dir als gesundem Vater hatte, dich suche, wie sehr ich die Welt durch die Frage hindurchsehe, wie du sie wohl gesehen hast, wie du sie siehst und sehen würdest. Nie habe ich in Frage gestellt, ob das gut sei. Ich erlebe darin Nähe zu dir, möglicherweise mehr Nähe als andere zu ihren Vätern, oder aber Nähe nur zu einer Vorstellung, zu einem Wunschbild. Nun gehe ich langsamer, wenn ich auch immer noch durstig schaue, den Kopf zur Seite gedreht, mit meinem Blick die Bilder haltend, von denen ich mich entferne. Nun versuche ich auf die eigenen Schritte zu achten, auf ein Erleben, das mir gehört und gehören wird, auch wenn du nicht mehr bei uns bist. Wo sind die eigenen Erinnerungen, die nahe der deinigen sind, und doch meine? Was suche ich hier, auf dieser Insel, was habe ich gefunden – jenseits des Wunsches, es dir zu geben, es mit dir zu teilen?

Ich erinnere das frühere Haus, durch dessen niedrige Fenster wir Kinder in den weichen Sand springen konnten, über die dunklen Balken. Glitzernder heller Sand, bereits erwärmt in der Morgensonne. Der dunkle Stamm des hohen Baums, die Schaukel, die an langen Seilen an einem hohen Ast befestigt war. Dunkle Kiefernzapfen in den weiten Dünen, die sich an das Häuschen schmiegten, Gegensätze, sich nachsichtig umfangend. Die kleinen weichen Wege, auf denen ich mich von euch entferne und euch entgegengehe, die Arme weit geöffnet, um den Wind zu spüren. All das habe ich nicht wieder gefunden, nur das weiße Licht, gleißend, glitzernd auf dem silbrig schimmernden Wasser, nahe der Bucht eine kleine Schafherde umgeben von blühender Heide.

Nach ein paar Tagen bist du wieder so kräftig, dass wir kleine Ausflüge mit dir unternehmen können. Abwechselnd schieben wir den Rollstuhl durch die Gassen der Dörfer und Städtchen. Hier leuchten die Farben zwischen Kontrasten, die Steine der Fachwerkhäuser gelb und rot zwischen den dunklen Balken, eine hellgraue Steinmauer bewachsen von üppigem Grün, die orangen Beeren einer Eberesche vor einer blau gestrichenen Tür.

Ich bin beruhigt und erleichtert, dass es dir besser geht, dass du weiterlebst und zugleich verwirrt. Wie oft bist du fast gestorben! Und wie erschöpfend war es jedes Mal, im Fühlen und Denken mit dir bis an die Grenze zu gehen, um dann doch wieder zurückzutreten, auf den gemeinsamen Weg. Ist es eine Schonung des Lebens, so lange Zeit haben zu dürfen, um den einen, den letzten Abschied lange vorzufühlen, ehe er wirklich kommt? In einer Art kindlicher Selbstbezogenheit verweile ich bei der Vorstellung, du würdest dann erst über die Grenze gehen, wenn ich irgendwann fähig wäre, dich gehen zu lassen. Als eine Straße weiter ein Leichenwagen parkt, wird es mir jedoch zu viel. Welt der Kontraste. Immer, der Tod mitten im Leben, umfasst vom Leben wie dieses vom Tod und dennoch: Auf eine fast zynische Weise kommt es mir nahe, dieses Symbol des Todes, den nunmehr die Anderen, die nicht Gestorbenen erleben. Einer ist über die Grenze gegangen und etwas bleibt zurück, das versorgt werden will, wie alles auf dieser Seite der Grenze immer und immer wieder versorgt sein will. Der nicht mehr lebende Körper bleibt zurück in der Alltäglichkeit der Dinge.

Eine Bitterkeit steigt in mir auf. Sanfte Einübung auf den letzten, großen Abschied? Das Bild des langen Autos mit den verdunkelten Fenstern sagt mir: Es ist nichts Besonderes daran. Eben noch habe ich den Schmerz darüber gefühlt, nach all dem inneren Erleben der vergangenen Tage durch diese Straßen zu gehen, von Menschen gesehen zu werden, die nichts davon wissen. Nun sehe ich nüchtern, dass ich ebenso wenig von ihnen weiß. Doch warum ein Auto wie alle anderen, wäre es nicht möglich, die Alltäglichkeit auf eine sichtbare Weise zu unterbrechen, auf eine Weise, welche die Grenze würdigt? Könnte ich die Sichtbarkeit, die Allgegenwärtigkeit des Todes dann besser annehmen? Das Auto, das sich klar erkennbar und doch nur subtil von anderen unterscheidet, scheint zu bedeuten: Der Tod ist eine Zumutung. Er ist überall, auch hier in der Seitenstraße, dort am Rande deines Blickwinkels. Aber wir versuchen, ihn unsichtbar zu machen, es wird möglichst sauber und schnell und dezent alles entfernt werden, was damit zu tun hat. Es könnte tröstlich sein, zu wissen, dass andere Ähnliches durchmachen, es könnte mir helfen, heute, die Zeichen des Abschiednehmens als Teil der menschlichen Welt zu sehen, mitten im städtischen Treiben. Aber dieses Bild ist ohne Trost. Was würde ich wollen? Ein Trauerfest in weiß mit Musik, die zum Himmel steigt? Sollten davon die Straßen erfüllt sein an diesem sonnigen Vormittag? Vielleicht. Aber das würde bedeuten, dass sich die Abschied-Feiernden mit auf den Weg machen, sich anders ausrichten, sich öffnen in ein nur Angedeutetes. Es würde also etwas bedeuten, das nur in den Nischen in Kirchen und auf Friedhöfen, nicht jedoch inmitten der Straßen, zwischen Cafés und Geschäften möglich ist – in der Welt, wie sie jetzt ist, in dem Unwissen und der Uneinigkeit darüber, was diese für uns letzte Grenze bedeutet. Wir ziehen weiter durch die kleine Stadt, in der das Licht sich in den Straßen fängt zwischen dunklen Kontrasten.

Und zum Meer hin wird alles hell. Ein Weg aus Brettern führt zu dem weiten Strand, Wind hat den weißen Sand über das Holz geweht. Auf beiden Seiten des Weges wurzeln Kiefern im Sand. Hier dürfen sie alle sein, die Formen des Lebens. Manche der Kiefern sind so windschief, dass sie nach hinten geneigt sind wie deine gekrümmte linke Hand. Ein Teil eines Stammes ist abgesplittert, neigt sich zum sandigen Boden hinab, dringt in ihn und scheint dort weitere Wurzeln zu finden. Durch all die sonnenwarmen Stämme und Äste, gleichwie ihre Neigung, bricht das Licht in hellen Streifen auf den Weg. Dann stehen die Kiefern in größeren Abständen, geben den Blick frei auf die weite, hügelige Landschaft. Die Schatten der Dünen, die Schatten der Wolken, das scharfe grüne Dünengras, zur Seite gebogen und doch so standfest. Meine Augen kommen zur Ruhe in den sich wiederholenden, sich ineinander aufnehmenden Formen – die Bögen vom Wind in den Sand gezeichnet, auf und ab, die Neigung der Dünen, der Wellen. Hier darf alles, was steigt, wieder zurückkehren zum Grund, die Bewegung sich brechen, um wieder zu fallen in sich.

Eine letzte Erhebung und dann das Meer, das Offene. Der Bretterweg führt weiter, wir kommen mit dem Rollstuhl nah zum Wasser. Hier, in größerer Meeresnähe ist der Sand fest von der Berührung der salzigen, hungrigen Wellen und dann nah der Dünen wieder so weich und tief. Ich renne, keine Schmerzen spürend, renne mit geöffneten Armen, unter bewegten grauen Wolken, der Gegenwind wie die Brandung gegen mein Herz schlagend. Und kehre zurück zu dir. Wieder liegst du auf einer ganz flachen Liege. Und ich blicke suchend um mich. Kinder spielen in unserer Nähe. Ich sehe das Erinnerungsbild, sehe dich oder nur das Bild, ich weiß es nicht, doch ich lächle ihm zu. Du als junger Vater, glücklich, die eine Hand lässig in der Tasche der dunklen Cordhose, im weißen Sand hinter dir die Kiefern unterm blauen Himmel.

Es ist alles ein Leben.

Nach dieser Reise wird sie ruhiger, die Suche nach dem Vergangenen, nach einer Wiederholung des Früheren.

Aus der Ferne

Der Tag kommt, an dem ich von zuhause ausziehe und er kommt in so viel Schwere. Du weißt davon und scheinst zu verstehen, was es bedeutet. Am Abend bevor ein Freund kommt, um mich abzuholen und die weite Strecke mit mir zu fahren, sitzen wir schweigend am Tisch, ich auf der Holzbank, auf der ich als Kind am liebsten saß, das Fenster im Rücken, in den vertrauten Raum blickend. Ein Essen, das ich mir gewünscht habe, steht bereit auf dem schön gedeckten Tisch, doch es ist mühsam, anzufangen. Das Ritual des gemeinsamen Essens war so alltäglich, dass es schon kaum mehr als solches wahrgenommen wurde, doch jetzt, da ihr ab dem kommenden Abend ohne mich essen sollt und ich ohne euch, wird es sichtbar als solches, wertvoll und endlich. Wieder verdichtet das Schweigen die Luft, deine Gesichtszüge sind voller Spannung, du nimmst, mir scheint, die ganze Schwere in dich auf und löst sie schließlich mit einem Ausruf, der all das gemeinsam Gefühlte und Ungesagte spiegelt und umfasst: „Ich halte es nicht mehr aus!“ Am nächsten Tag verlasse ich euch und das Haus, das mir immer Zuhause bleiben wird, in dem Gefühl, es nicht zu können und doch zu müssen.

Ich wohne allein an einem rauschenden Fluss. Nicht ganz allein, neben anderen, gewiss, aber ohne euch. Der Klang des strömenden Wassers und der Klang des Windes in den hohen Bäumen, die den Fluss wie eine Allee begleiten, verbinden sich zu einem gleichmäßigen Rauschen, das allen Lärm der Stadt verschluckt. So merke ich das Kommen des Abends nicht an dem Stillerwerden der Umgebung, sondern an dem veränderten Lichteinfall und daran, dass das hintergründige Rauschen, welches bereits den ganzen Tag begleitet hat, in den Vordergrund tritt. Wenn es regnet in der Nacht ist die ganze Stadt erfüllt von Geräuschen des Wassers: Das Strömen des Flusses, die niederprasselnden Regentropfen, es wird alles eins und auf den vor Nässe glänzenden Steinen der Straßen spiegeln sich die Lichter.

In meinem kleinen Zimmer habe ich das Fenster auch nachts leicht geöffnet. Beim Einschlafen stelle ich mir vor, was hinter dem Rauschen alles hörbar ist, in dieser schönen, pulsierenden Stadt. Bei euch, zuhause, war es nachts ganz still, sodass man die Hunde heulen hörte und die Motoren der vereinzelt fahrenden Autos auf der sonst ganz verlassenen kurvigen Landstraße und das Krähen der Hähne in den Morgenstunden.

Hier weckt mich niemand in der Nacht, niemand, nur meine Gedanken, Gefühle und Träume. Als ich bei euch wohnte, in den Jahren vor meinem Abitur, hast du uns öfter nachts gerufen. Schlaftrunken saß dann auch ich manchmal an deinem Bett, in Gedanken halb bei einer Prüfung des kommenden Tages, in Sorge um den eigenen Schlaf. Oft hast du gerufen, weil du etwas sagen wolltest, weil du wolltest, dass jemand zuhört. Du hast gesprochen in Ruhe und Klarheit. Etwas deutlich zu sehen und es benennen zu können, die Worte zu finden, sich verständlich zu machen – diese

Erfahrung muss so groß, so befreiend für dich gewesen sein, dass du nicht warten konntest bis zum Morgen, der mit seinem Kommen die Sammlung und Geistesgegenwart der Nacht mit sich nahm. Gern hätte ich von dir gelernt, die Schlaflosigkeit zu akzeptieren, nicht gegen sie anzugehen, Freundschaft mit dem Wachen im Dunklen zu schließen. Wie viel Zeit du hattest, Dinge zu lernen, die in deinem ‚ersten Leben' als nicht so dringend gelten mussten. Ich habe dir zugehört, staunend, und versucht, mir die Gedanken, die du formulierst, zu merken, so wie ich in der weichen, blaugrauen Morgendämmerung versuche, das im Traum Erlebte zu erinnern.

Ich lebe mein Leben befreit, auf eine Weise. Doch halte ich dich in Gedanken und im Herzen, auf allen Wegen. Meist ist es ein Bild, in dem ich zur Ruhe komme, das mich bewusst an dich denken lässt. Jeden Tag gehe ich am Fluss entlang und beobachte die Vögel. Im stillen Regen drängen sich zwei Enten im niedrigen Wasser des spätsommerlichen Flusses aneinander, finden beide Halt auf einem Baumstumpf, der nahe dem Ufer aus dem Wasser ragt, dicht gedrängt auch die Wolken über ihnen. Kleine Wellen umspülen das Holz, lautlos. Ich sehe ihnen lange zu und wäre gern wie sie, wie diese kleinen Mitwesen, die mir auf allen Wegen nahe dem Wasser begegnen, möchte den Kopf ins Gefieder stecken und schlafen können, den Blick abwenden können, müde sein dürfen. Wie sie inmitten der Welt, als Teil der Welt, Schutz im Eigenen finden, Geborgenheit erfahren in dem Raum, den sie selbst um sich entstehen lassen. Kleine Weggefährten, mir in manchem voraus. Und sie erinnern mich an das, was du mir vorgelebt hast, was ich nicht vergessen möchte – die Fähigkeit, bei sich zu sein, auch im Getriebe der Welt, sich selbst die Mitte zu sein. Die Fähigkeit, es gut sein zu lassen, die Stunden nicht argwöhnisch daran zu messen, wie sehr sie sich haben zur Arbeit, zur Leistung nutzen lassen.

Rufe ich zuhause an, kann ich nicht mit dir telefonieren. Wir versuchen es ein paar Mal, aber es verwirrt dich und strengt dich an. Statt die vielen kleinen Bewegungen nah mitzuerleben, höre ich von großen Phasen, von Lebensmüdigkeit, Bitterkeit und Hadern in dir, von Klinikaufenthalt und ‚Medikamenteneinstellung' und schließlich von einem stabilen, friedlichen und auch oft frohen Dasein im Alltag, der so lange uns gemeinsam war.

So erleichtert ich über diese Wendung bin, so schwer bleibt es dennoch, eine fühlbare Antwort auf die Frage in mir zu finden, wie es dir wirklich geht. Nicht nur die Distanz von über 400 Kilometern, sondern auch die erahnten Wirkungen und Nebenwirkungen von Medikamenten sind zwischen uns geschoben. Wenn es dir gut geht durch ein Medikament, geht es dir dann wirklich gut? Oft habe ich sie gehört und mich bewusst dagegen entschieden, sie zu übernehmen: Die Sprechweise mancher Ärzte und Ärztinnen, in welcher nicht ein Medikament auf eine bestimmte, passende Weise, sondern der zu behandelnde Patient selbst ‚eingestellt' wird. Wie sollte die Unterscheidung zwischen

Befund und Befinden davor schützen, dass Patientinnen vor dem medizinischen Blick wie formbare Objekte erscheinen, wenn das Befinden selbst und damit der empfindende Mensch ‚einstellbar' geworden ist? Und: Wer sind wir, wenn unser Sein nicht in eins fällt mit dem offensichtlich so manipulierbaren Empfinden und Erleben?

Sprache und Möglichkeiten der modernen Medizin sind mir unheimlich, zugleich bin ich auf einer Ebene nur froh und erleichtert, wenn ich weiß, dass du nicht leidest, dass du deine Gegenwart annehmen und so etwas wie Zufriedenheit erleben kannst.

Umso wichtiger und wertvoller werden die meist einwöchigen Besuche zuhause, bei denen ich wieder mit dir kommunizieren kann, auf die subtilen, auch leiblichen Weisen, die in einer technisch vermittelten Kommunikation unweigerlich verloren gehen. Der Übergang ist jedoch schwer, die Welten, die ich zuvor in einem Nebeneinander erlebt habe, sind nun räumlich getrennt: Fahre ich zu euch nach Hause, trete ich heraus aus der einen und in die andere, so vertraute Welt. Und dann sitze ich bei dir und trage all das, was ich erlebt und gedacht habe, als Ungesagtes in mir und suche die Brücke von hier zu dort, von den Wegen, auf denen ich gehe, zurück nach Hause. Ich fühle mich unbeholfen, für Momente auch beschämt darüber, ein eigenes, neues Leben zu haben, und es nicht mal in Worten mit dir teilen zu können, während du dir kein neues Leben mehr suchen kannst.

Manchmal habe ich den Eindruck, dass ich es zum Teil verlernt habe, dich wirklich zu erreichen, dich zu verstehen. Solange ich mich zurückerinnern kann, war ich in meinem Erleben nicht nur in der Situation selbst, sondern immer auch die Situation beobachtend. Der Abstand, die Gespräche, die Bücher haben diese Spaltung, so scheint mir, verstärkt, und ich bin ratlos, wie ich heraustreten kann aus der Beobachtung, um wieder bei dir zu sein.

Was siehst du?

Das Gras so trocken, dass es piekt, wenn ich barfuß darüber gehe. Du liegst in dem geschützten Teil des Gartens und bist erfüllt von einer Traurigkeit. Es ist alles um dich. Die Vergangenheit verdichtet in dem Garten, der dich umgibt. Abendlicht dringt durch den dünnen Stoff eines gemusterten Tuches, das über der Vorhangstange hängt. Wärme durchflutet das Treppenhaus, auf dessen Stufen du seit Jahren keinen Fuß mehr gesetzt hast. Es ist Sommer. Ich gehe hinaus zu dir.

Nur zu Besuch bin ich nun hier. Entfernt von euch gehe ich auf einem Weg, wo alles wachsen darf, wo ich die Zukunft erträumen und ihr entgegenleben darf. Und nun, bei dir, zu dir, über das trockene Gras. In dem geschäftigen, dem ‚funktionierenden' Leben blicke ich, wie auch du es tatst, in den Kalender, immer nach vorne, in die beginnende Woche bis zur nächsten Etappe. Immer weiter, wir leben von einer Erwartung zur nächsten bis dann, ja, bis dann etwas geschafft, etwas gelöst sein wird.

Hier nicht. Hier will ich mit dir gemeinsam tragen und ertragen, was da ist, und Visionen der Zukunft, der Steigerung und Verbesserung nicht weichen wird. Immer noch erzähle ich dir von all den schönen Dingen, die wir gemeinsam erleben werden. Doch ich werde auch still, nichts tuend, deine Traurigkeit empfangend, die sein darf. Ich werde auch leer, um zu sein wie eine zu dir hin geöffnete Hand, offen für das, was du mir wortlos sagst. Unter all den Möglichkeiten, die nicht mehr Wirklichkeit sein werden, ahne ich wieder die große Gegenwart, die erst fühlbar wird in der Akzeptanz. Sage ich zu ihr: Ja, sei, ich lasse dich, nimmt sie mir fast die Luft in ihrer Unausweichlichkeit, bevor sie sich weitet und alle Zeitdimensionen in sich fasst. Ich erzähle dir, was ich innerlich erlebe. Du nickst schweigend und wir bleiben lange still beieinander.

Der nächste Tag ist hell und warm, wir sitzen im windigen Schatten unter dem großen Kirschbaum. Du im Rollstuhl, ich auf einem Gartenstuhl aus Holz. Du blickst zu mir, ich möchte sagen, dein Blick ruht lange und still auf mir, aber diese Formulierung scheint nicht richtig zu sein. Denn zugleich ist es, als würdest du durch mich hindurchschauen. Dein Blick ruht nicht auf mir, denn er bleibt nicht an meinem Gesicht hängen, an meinem Gesicht verstanden als eine Kontur, eine gegenständliche Form. Dennoch fühle ich mich wahrgenommen, ich fühle, dein Blick geht nicht in eine Leere. Ich frage dich, „Was siehst du?", du lächelst und sagst, „Dich". Nur dieses eine Wort. Ich fühle mich mehr gesehen als je zuvor. Es ist, wie wenn man einen Menschen neu kennenlernt, und man verbringt Stunden mit ihm, sprechend, schauend, hörend. Danach wird man gefragt, welche Augenfarbe dieser Mensch hat, ob er eine Brille trägt, und man weiß keine Antwort.

IV Abschied

Da kein Tod mehr wird sein

Es ist das sechste Jahr nach meinem Auszug von zuhause, ich lebe inzwischen in einer anderen Stadt und denke manchmal wehmütig zurück zu dem rauschenden Fluss. Zuhause scheint es stabil, so wie es ist, ich frage mich nicht, wie lange es so weitergehen wird. Eingenommen von meinem eigenen Leben, denke ich nicht allzu oft zu euch hin, versuche jedoch, wenn ich zu Besuch bin, wirklich da zu sein.

Dann kommt ein Anruf, unerwartet, etwas hat sich verändert. Du hast dich verändert. Du sprichst nicht mehr. Der Notarzt hat beginnende Lungenentzündung diagnostiziert und Antibiotikum verschrieben, aber vielleicht ist noch etwas anderes passiert, vielleicht ein kleiner Schlaganfall, unbemerkt. Ich höre die Sätze, inmitten all der Sätze, die ich an diesem Tag höre und spreche, sie enthalten Informationen. Zugleich weisen sie auf etwas anderes hin, auf etwas Unbegreifliches, Unsagbares. Antworten kann ich, übers Telefon, nur auf der Ebene der sagbaren Informationen. Doch während ich spreche, höre ich die Worte, die meine Lippen formen, als wären es nicht die eigenen und ich suche in der Stille zwischen den Worten etwas, woran ich mich festhalten könnte. Wie damals, als der Anruf aus der Schule kam, du seist zusammengebrochen. Ich hatte nur diesen Satz und habe, die Knie zur Brust gezogen, auf dem Wohnzimmerboden gesessen und gewartet. Als ich die Information, welche ich nicht begreifen konnte, in einem Satz an andere weitergeben sollte, habe ich verlegen gelächelt und mich im selben Moment geschämt zu lächeln, wäre es doch angemessener gewesen, zu weinen. Doch wie hätte ich weinen können, ohne zu verstehen.

Nachdem ich aufgelegt habe, gehe ich hinaus auf den großen Balkon des Hauses, in dem ich mit anderen jungen Menschen wohne, blicke auf den efeubewachsenen Stamm der großen Robinie. Wieder ist mir, als geriete die scheinbar leere Luft um mich in Bewegung, Zeit-Raum-Schichten, die sich voneinander lösen und verschieben. Es ist kein Schwindel, nicht in meinem Kopf, nein, um mich herum, Dimensionen, die sich öffnen.

Sobald es mir möglich ist, fahre ich zu euch nach Hause. Ich kann es mir nicht vorstellen, dich zu sehen und deine Stimme nicht mehr zu hören, deine Stimme, wenn du sprichst, wenn du singst.

Anders als erwartet höre ich fast ununterbrochen deine Stimme und doch: Du sprichst nicht mehr. Du rufst, du rufst wie um Hilfe, immer wieder rufst du „Hallo!".

In manchen Stunden wird dein Rufen so laut, dass die Uhren und alle Instrumente im Raum vibrieren. Keine Antwort sprachlicher oder nicht-sprachlicher Art kann dich erreichen. Wir wollen wegrennen und können nicht. Wir wollen dich wecken und zurückholen oder loslassen in eine Erlösung, doch wir können nichts tun. Es ist quälend, dir zuzusehen, deinem Rufen ausgesetzt zu sein, ohne dir helfen zu können. Könnte der Tod, dein Tod schlimmer sein?

Ich knie vor dir, dein Gesicht in meinen Händen, dein Gesicht in meinem Herzen und frage: Bist du da? Bist du da? Kannst du mich hören? Kannst du mich spüren? Meine Hand. Kannst du mich sehen? Und du antwortest nicht, blickst weg oder durch mich durch und rufst wieder. „Hallo!" Deine Augen sind weit geöffnet und ich glaube, Angst darin zu sehen. Was erlebst du? In welchem Dickicht, in welchen Zwischenreichen bist du nun gefangen? Blickst du wie durch Nebel, siehst du Bilder, die wir nicht ahnen können? Es ist, als würdest du träumen und könntest nicht aufwachen.

Doch wohinein würdest du aufwachen, kannst du überhaupt zurückkommen oder willst du, kannst du nun wirklich, nun endlich gehen, in das andere für unsere Augen nicht sichtbare Sein, das erhoffte, nicht zu benennende, alle Zwischenreiche hinter dir lassend?

Vorhin in der Küche, wir schneiden Zwiebeln und Endivien und singen zweistimmig, leise und klar:

> Und es kommt eine Zeit, da kein Tod mehr wird sein. Und kein Leid, kein Schmerz und kein Geschrei.

Unser Singen hört so unmerklich auf wie es begonnen hat.

„Ich kann dich nicht sehen."

Schlimmer noch als das Schreien ist die Stille, die darauf folgte, schlimmer als die Stille des Todes: die künstliche Stille. Sie haben dir ein Mittel gegeben, wir haben es akzeptiert in tiefer Erschöpfung und noch tieferer Ratlosigkeit. Nun sagst du gar nichts mehr, nun ist deine Stimme ganz verstummt. Etwas in deinem Gesicht ist vollkommen verändert, ich kann es kaum ertragen, dich anzusehen. Dein Mund wie zugenäht, verstockt.

Und nun, nach dem dröhnenden Schreien und in der erzwungenen Stille, fühle ich mich innerlich an dem Punkt angelangt, von dem ich dachte, dass ich niemals dort sein würde: An dem Ort auf unserem Weg, da ich sagen kann, ich lasse dich gehen, es wäre nun besser, du dürftest gehen.

Noch einmal, in einem Aufbegehren, im tiefen Hadern mit der Gabe von Medikamenten, die dein Bewusstsein verändern, mit der Gabe dieser Medikamente, ohne dass du dazu Ja oder Nein sagen kannst, ist da in mir die verzweifelte, die fast zerstörerische Frage: Was wäre, wenn. Wenn es doch noch einen anderen Weg gegeben hätte, von Anfang an. Eine andere Medizin, eine, die sich nicht zwischen uns schiebt, die nicht dein Bewusstsein verändert, so als wäre es eine formbare Masse oder ein programmierbares technisches Produkt. Eine Medizin, die nur begleitet, nicht ‚macht', die Warten erfordert und Mut und Vertrauen, eine Medizin, deren Wirkung so zart ist, dass es dem Lebendigen angemessen wäre. Was wäre ... Aber es war keine nur individuelle Entscheidung, es war im bestehenden System kaum Freiheit, kaum Unterstützung da, Wege abseits der vorgesehenen Pfade zu wählen.

Mein Hadern, es hilft dir nichts, ich weiß es, aber in diesen Tagen und Nächten ist es nicht möglich, anzunehmen, was ist. Ich vermisse es so, dass du mit mir sprichst. Ich ertrage es nicht, vor dir zu stehen und dir so fern zu sein. Und wenn dein Gesicht so schön und gelöst ist, weiß ich doch nicht, ob es nur von den Medikamenten kommt, weiß nicht, wie es dir ginge, wenn du sie nicht nähmest, weiß nicht, wer wir überhaupt sind, wenn das Bewusstsein, wodurch wir uns selbst und andere wahrnehmen und: das Bewusstsein, als das wir andere wahrnehmen, beliebig so veränderbar ist. Es wird so schwer, zu glauben. An irgendetwas zu glauben.

Ich spüre, wie es mich verändert, der Versuch, diese Traurigkeit auszuhalten, sie nicht zu verklären. Und ich frage mich, ob ich es vielleicht nie wirklich ausgehalten habe, dem ins Gesicht zu sehen, in ein Gesicht zu sehen, das mich nicht sieht.

Ganz selten gelingt es dir doch und du sprichst einen Satz, nicht mehr als einen. Was du sagst, geht mir so nah, jede sprachliche Äußerung, in der du bewusst einen Gedanken kommunizierst, ist unendlich kostbar geworden. Gestern habe ich es geschafft, unsere Blicke haben sich berührt, sich gebrochen, du hast nach meinem Arm, meiner Schulter getastet und fast unverständlich leise gesagt „ich kann dich nicht sehen". Auch die Tränen in meinen Augen wirst du nicht gesehen haben.

Neben dem reflexhaften Rufen und Schreien und den ganz rar gewordenen neu geformten Sätzen sprichst du manchmal noch Sätze, die du wie das Wort ‚Hallo!' wiederholt hervorbringen und vielleicht auch wählen kannst. Es sind vor allem drei Sätze:

„Ich bin dankbar." „Langt schon." „Schön, dass du da bist."

Wie kannst du diese Worte wählen, auch jetzt noch? Ich bin in Bewunderung, will lernen von dir, immer noch. Diese kleinen Sätze, Leitworte im Nebel, so oft gehört, dass ihr Sinn mir manchmal verloren ging und die mir doch, auch in dieser schweren Zeit, deine innere Schönheit offenbaren. Wo du noch wählen kannst, dies zu sagen, ist es dort, irgendwo, dein Ich, mein Du, das ich suche, wie eine Quelle, unsichtbar, wie eine Kraft, die nur noch durch wenige Wirkungen sichtbar wird und doch weiter besteht.

Auch scheinst du in manchen Stunden noch klar zu hören, was wir sagen. Wir erzählen dir dann von deinen Geschwistern, von deiner Kindheit, erzählen dir wieder die Geschichten, die du uns erzählt hast, singen dir die Lieder. Erst ist da die Offenheit in deinem Gesicht, die an keiner physiognomischen Änderung festzumachen ist, alle Muskeln bleiben unbewegt und doch ist mir, als könnte ich spüren und sehen, wie du hörst, wie du innerlich hin zu uns ausgerichtet bist. Dann erzählen wir weiter und für einige Minuten verwandelt sich dein Gesichtsausdruck, wird wieder lebendig und es wirkt fast, als würdest du ein Weinen zurückhalten, ob vor Glück oder Wehmut, vor Erinnerung oder Vergessen, ich weiß es nicht.

Zwischendurch habe ich das Gefühl, du möchtest antworten, aber du kannst nicht. Es ist nur eine ganz kleine, kaum wahrnehmbare Regung in deinem Gesicht, ganz leicht und scheinbar unter Anstrengungen öffnest du den Mund und formst deine Lippen, als würdest du versuchen, etwas zu sagen, doch es kommt kein Laut.

Wenige Tage später muss ich wieder fahren, in die andere Welt, die sich weiterdreht, deren Geräusche und Stimmen sich dicht überlagern, während hier alles so still ist. Als ich zu dir gehe, um mich zu verabschieden, schläfst du in deinem Sessel, dein Gesicht sieht so friedlich aus, die tiefe Falte zwischen deinen Augen endlich gelöst.

Dunkle Zweige

Bei meinem nächsten Besuch wenige Wochen später treffe ich dich nicht zuhause. Du bist in einer Klinik, inmitten der Landschaft, in der nun alle Bäume blühen, inmitten der Landschaft, die ihr erwandert habt, als ich noch nicht da war. In den vergangenen Jahren warst du bereits einmal in dieser Klinik. Es war Herbst.

Du hast noch gesprochen. Wir haben dich besucht und sind mit dem Rollstuhl auf einem ruhigen, ebenen Weg im Tal gegangen. Der Geruch von feuchtem Laub, frühe Dämmerung, kahle Zweige. Das Tal offen und weit, doch die Luft lag schwer auf dem weichen Grund der Wiesen, der, schon braun, vom Regen getränkt, dem niedrigen Himmel selbst näher zu kommen schien, aufnehmend, offen. Da hast du in unser Schweigen hinein ein altes Gesangbuchlied zitiert und ich wusste bereits diesen Moment erlebend, dass ich ihn erinnern werde.

> Ein Tag der sagt dem andern, mein Leben sei ein Wandern zur großen Ewigkeit. O Ewigkeit, so schöne, mein Herz an dich gewöhne, mein Heim ist nicht von dieser Zeit.

Nun geht Stille über von dir zu mir. Sprachlos bin auch ich in meinen Versuchen, auf deine Sprachlosigkeit zu antworten. So trage ich Verse in mir, die dich begleitet haben und stelle mir vor, dass du sie auch jetzt noch in dir hörst, auch wenn du es uns nicht mehr wissen lassen kannst.

Wäre es Herbst, würde es mir leichter sein? Dem Winter entgegenblickend, dem nach innen gekehrten Leben. Immer wusste ich, ich will bereit sein, nicht nur den Frühling zu lieben, bereit, auch die Schönheit des Novembers zu sehen, Äste, die frei werden, um dem Himmel zwischen sich Raum zu geben. Immer wusste ich, ich will es üben, durch das Dunkle zu gehen und das Licht in mir zu tragen, die Farben.

Doch es ist Frühling und alles drängt ins Sichtbare. Wir sind gegangen, wieder haben sich die Schiebetüren hinter uns geschlossen, die Sphären trennend durch hartes, gleitendes Glas. Ich schüttele leicht meinen Kopf, als könnten auch die Gerüche der Krankheit von mir abgleiten und sich auflösen in der leichten Luft. Nie werde ich mich daran gewöhnen, durch diese Türen zu gehen, mag es auch noch so vertraut geworden sein.

Bevor wir heimfahren, halten wir in einem schönen Seitental. Ich knie am Bach, wasche mein Gesicht mit dem klaren, kühlen Wasser. Wenig später lagern wir an einem Wiesenhang. Das Gras ist von der Sonne erwärmt, wir hören und riechen die erwachende Natur, über uns die blühenden Kirschzweige. Und doch sehe ich in diesem Frühling nicht nur die weißen Blüten vor dem blauen Himmel, sondern auch das tiefe Schwarz der dunklen Zweige. Sie sind das Bleibende, die klare Gestalt. In diesem Frühling kann ich sie, die so viel beständiger als die vergängliche zarte Blüte sind, nur als das Andere des Weichen, Jungen, Lebendigen sehen.

Ich habe sie umarmt, die Schönheit des Alters, wie die Sonne durch dein weißes Haar schien, die tiefe Wärme deiner Stimme, ich habe dich umarmt. Doch der Tod, wie soll ich still zusehen, ihn mit untätigen Armen gewähren lassen? Dich gehen lassen über diese Schwelle, die so anders ist als all die Schwellen, über die wir gehen, von einem Raum in den anderen blickend, wie durch gleitendes Glas, hin und her gehend zwischen Räumen, die noch benennbar anders, noch vergleichbar sind.

Kommt der Tod oder sterben wir ihn? Ich liege mit gelösten Armen. Noch ist der Himmel sichtbar zwischen den Zweigen und Blüten, in wenigen Monaten wird alles Grün sein, nach außen gewendetes Leben, dicht verschränkt.

Das sichtbare Vergehen, die Verwandlung zu lieben, ist das Eine. Ein anderes, das Unsichtbare selbst zu lieben, nicht nur das Verlierbare, auch das Verlorene, in der Hoffnung, dass das, was wir geliebt haben, für immer zu uns gehört.

Das Leise

Von Hecken umsäumt, ein geschützter Bereich im Vorgarten der hoch gelegenen Klinik. Unten, im Stadtzentrum, im regen Treiben der belebten Gassen, in den Cafés und kleinen Buchläden an der Brücke ahnt man nichts von der Stille hier oben. Nur das Plätschern des kleinen Brunnens, deine weit geöffneten Augen und die Abwesenheit deiner Stimme. Viele Wochen sind vergangen, seit du aufgehört hast zu sprechen. Nach dem Aufenthalt in der letzten Klinik warst du ein paar Wochen zuhause, Wochen in denen klar wurde, dass es zuhause kaum mehr lebbar ist. Jetzt besuchen wir dich hier, in dieser schönen Stadt, von der du nichts siehst.

Wieder ist es Mai. Vierzehn Jahre sind vergangen seit jenem Morgen, an dem du das letzte Mal mit Aktentasche die Steinstufen vor unserer Haustür hinabgestiegen bist, unterwegs in den Tag, der alles verändern würde. Ich erinnere mich daran, wie eindringlich ich als Kind, das ich war, zu dir gesprochen habe, neben deinem Klinikbett stehend. Flehend nach gemeinsamen Erinnerungen suchend: Weißt du noch, weißt du noch? Jetzt bin ich ruhiger, akzeptierender, trauriger. Ich nehme die Umgebung wacher wahr.

Im Klinikzimmer fiel es mir schwer, zu dir zu sprechen. Hier im Vorgarten der Klinik auf der kleinen Bank an dem Brunnen sind wir geborgen, so weit dies hier möglich ist. Das plätschernde Wasser schirmt uns ab von den Geräuschen des Klinikbetriebs. Immer noch versuche ich, dich über Sprache zu erreichen. Doch das Sprechen, das uns lange verbinden konnte, wird mir zu einer Erfahrung der Einsamkeit. So wie ich nicht wissen kann, auf welche Weise du meine Worte empfangen und verstehen kannst, weiß ich nicht, ob ich vor allem zu dir spreche, für dich oder für mich – nach Halt und Kontinuität in unserer Beziehung suchend. Ich lese dir Gedichte vor, die du gut kanntest. Dein Gesicht ist mir zugewandt, immer wieder öffnest du den Mund, formst die Lippen zu einem Laut. Immer wieder sinken die Muskeln wie in Resignation zurück. Ich mache kleine Pausen, um dir Raum zu geben, spürend, dass du etwas sagen möchtest. Da hauchst du zweimal, sehr leise und sehr schnell, in jeweils einem Atemzug drei Worte der Zuneigung.

Danach ist es wieder still, dein Mund bleibt geschlossen. Es scheint dich sehr angestrengt zu haben. Seit vielen Wochen der erste neue Satz. Ich lehne meinen Kopf an deine Schulter, lege meine Hand auf deine und nehme den Satz dankbar an wie eine sehr kleine, aber sehr wertvolle Kostbarkeit in einem feinen, zerbrechlichen Gefäß.

Dich wenig später im Klinikzimmer zu verabschieden und durch die Gänge hinauszugehen, fühlt sich an, als würden wir ein Kind allein zurücklassen, das uns braucht. Doch bliebe ich bei dir, die ganze Zeit, ich würde zerfallen wie eine Blume, die kein Wasser bekommt. Ich halte die Augen nur so weit geöffnet, dass meine Füße den Weg finden. Die Bilder verschwimmen, ich gehe, als ginge ich durch alle Kliniken, in denen du je warst, die Flure, seitliche Türen, die alle gleich sind, grauer Linoleumboden, die kleinen Wägen mit Putzmitteln, dort die Küche.

Und wieder laufe ich weg, die Klinik im Rücken, über die Steinstufen, hinab, hinauf, ich kann wieder atmen, meine Hände über den rauen Sandstein der Klostermauern gleiten lassen, so wie damals über die Gitterstäbe. Kann in die Weite sehen, auf die Dächer der Stadt und über sie hinweg – nicht unsere Stadt, nein, immer wird es die Stadt sein, in der ich ohne dich gehe, immer die kleinen, versteckten Gassen suchend, den einen Ort, von dem aus mein Blick unbeobachtet bis zur weichen Grenze geht, wo sich die Sphären für unsere Augen berühren, für unsere Augen.

Wie kann ich stillstehen, wie kann ich so ruhig schauen, wissend, du bist da, du bist noch da, vielleicht keinen Kilometer entfernt, in dieser Stadt. Wie kann ich in einem Café mit Panorama-Blick sitzen und Rosmarinkartoffeln essen, Sonne und Wind auf meiner Haut spüren? Wir leben noch. Wir leben jetzt. Wir schmecken und fühlen die Welt, die sinnliche, irdische, wunderschöne. Du liegst allein in dem fremden Zimmer und blickst zur Decke, wenn du nicht schläfst.

Unten im Stadtzentrum wird der Impuls, von den Klinikfluren wegzurennen, schwächer, weicht dem Drang zurückzulaufen, wieder bei dir zu sein. Deine hastig gehauchten Worte trage ich ganz vorsichtig in mir, hütend, behütend, bedacht, sie nie mehr zu verlieren. So zart, so leise waren sie, so mühsam gegeben. Wo in der Stadt fände ich die Stille, sie zu hören?

Deine leisen Worte, sie zeigten mir so deutlich, dass du noch da bist, dass du denkst und fühlst und verstehst. Was ist es, das uns trennt, worin bist du gefangen? In deinem reflexhaften Rufen, deinem für lange Zeit bewegungslosen Gesicht? Wird dein Tod dich davon befreien, dich und uns? Vielleicht. Doch das Miteinander-Sprechen, diese so irdische, so vertraute, so schöne Erfahrung wird nie wieder zurückkommen. Deine Sprachlosigkeit, die ich in mich aufnehme, wie ich deine Worte in mich aufgenommen habe, soll sie uns ein langsames, schmerzhaftes Gewöhnen an deine physische Abwesenheit sein? Und deine leisen Worte eine Erinnerung an das, was du zurücklässt.

Was war uns die Sprache auf diesem ganzen, langen Weg? Du hast sie geliebt und in ihr gelebt. Du hast sie verloren und wiedergefunden. Und wieder verloren. Oft war sie wie ein Tasten in der Dämmerung, deine Suche nach den Worten, und die unausgesprochenen, vielleicht auch unaussprechlichen Empfindungen, Wahrnehmungen, Gedanken wie Schatten schemenhaft in der herabsinkenden Dunkelheit. Ich weiß, was ich fürchte in dir, fürchte ich auch in mir, fürchte ich wie den dunklen Grund in allem, was lebt. Die Unheimlichkeit des Vagen, nicht länger Definierten, die Gesichtslosigkeit.

Die Sprache, das Miteinander-Sprechen hat Schutz gegeben, hat diese Angst zurückgedrängt, den suchenden Gedanken Stabilität und Halt gegeben. Nun, in der Stille, bekommt die Angst vor der Formlosigkeit ihren Raum, den ich ihr nicht gewähren wollte, und es bleibt mir nichts übrig, als mit ihr, in ihr zu leben.

Ich kann nur ahnen, ob du genau weißt, was du sagen möchtest, wenn du versuchst, mit deinen Lippen einen Laut zu bilden. Die dunklen Flächen im Abbild deines Gehirns wurden immer größer. Doch ich bin mir sicher, allen Theorien des Bewusstseins zum Trotz: Du hast zu mir gesprochen von einer Ebene des Verstehens und des Bewusstseins her, die mich fühlen ließ, dass du immer noch du bist.

Ich gehe noch langsamer und lasse die Ahnung, die Hoffnung zu, dass es diese Ebene immer geben wird, über die Grenze hinaus, auch wenn kein Blut mehr durch deine Adern strömt und all das Geliehene, all das Verlierbare wieder zurückgeht in den Grund.

Wegsegen

Es gibt keine klare ärztliche Diagnose, die uns sagt, du wirst nicht mehr lange leben. Doch du bist ein Hinübergehender, es ist so fühlbar.

Immer wieder schaust du auf – nicht in den leeren Raum, sondern ganz woandershin, als würdest du schon einen anderen Raum sehen, der für uns unsichtbar bleibt. Du kannst nichts Festes mehr essen. Deine Arme werden immer dünner. Doch deine Haut ist noch so jung, dein Gesicht ganz ohne Falten.

Es ist eine Ruhelosigkeit in dir, der dein unbeweglich gewordener Körper weniger denn je gerecht werden kann. Du bist in Aufbruchsstimmung, versuchst dich aufzurichten. Und ich verstehe, du wirst deinen Körper nicht mitnehmen können in diesen letzten großen Aufbruch.

Wenn wir dir aus dem Rollstuhl helfen, kannst du dich nicht mehr gerade aufrichten, dein Körper bleibt stark nach vorne gebeugt, zum Boden geneigt. Dich so zu halten und sich in dieser so anderen Umarmung sanft schwingend mit dir zu bewegen, ist wie ein Abschiedstanz.

Zuhause ist es kaum mehr lebbar, doch wir zögern die Entscheidung für den Umzug in ein Pflegeheim hinaus, solange es irgendwie geht. Wir wünschen dir und uns, dass du gehen kannst, bevor es gar nicht mehr anders geht.

Ich bin zu Besuch bei euch an einem warmen langen Wochenende. Sie sind lichtdurchflutet, unsere letzten gemeinsamen Tage. Wir spüren, dass du bald gehen wirst und jede Sekunde ist wertvoll. Schräge Strahlen der Nachmittagssonne fallen durch das Fenster, Wind raschelt in trockenem Laub. Es ist Mitte Juni, aber es fühlt sich so an, als hätte der Sommer seinen Zenit längst erreicht. Wir möchten mit dir nach draußen gehen und bereiten alles vor. Damit dir die Zeit nicht lang wird, lege ich eine Beatles-CD auf, Musik, die du als junger Mann und auch darüber hinaus sehr geliebt hast. Fünf Minuten später sind wir bereit zu gehen und können uns doch nicht dazu entschließen, die Situation zu unterbrechen. Du sitzt im Rollstuhl, dein ganzes Gesicht ist Ausdruck, Ergriffenheit, Erinnerung. Tränen rinnen dir still über die Wangen, Tränen der Freude, der Wehmut. Seit vielen langen Wochen war unklar, was du noch wahrnimmst von deiner Umgebung, welche unserer Worte, Gesten und Berührungen du noch spürst und empfängst. Wenn ich dich ohne uns in einem Klinikzimmer wusste, habe ich manchmal Trost gefunden in dem Gedanken, dass du bereits in einem anderen, inneren Raum bist und darin vielleicht unabhängiger von deiner materiellen Umgebung, als ich es wäre. Die meiste Zeit aber war es schmerzhaftes Nebeneinander, ohne wirklich miteinander zu sein.

Als wir deinen letzten Geburtstag feierten, war es in meinem Erleben kein Fest mehr mit dir, nur um dich herum. Als würden wir alle, die wir durch dich verbunden sind, bereits ohne dich zusammenkommen, uns nur noch an dich erinnernd. Doch du saßt in unserer Mitte, der Mund fest geschlossen nach der Einnahme von Medikamenten, so als könntest du ihn nicht mehr öffnen. Vielleicht hast du die Energien all der Menschen in dem Raum gespürt, vielleicht war es dir zu laut, zu voll und du hättest eine ganz andere Art des Festes gebraucht.

Aber jetzt stehen wir im Raum, bereit aufzubrechen – du wohl am meisten – und zugleich gehalten von einer Gegenwart, deren Geheimnis ich nicht zu ergründen weiß. Erst schien es, als wärest du nicht mehr in deinem Gesicht und nichts könnte dich erreichen. Und nun bist du so sehr da, genau du, und ich sehe und fühle, wie du ganz konkrete, zu dir gehörende Erinnerungen erlebst, ohne Abstand, als stündest du in deiner Vergangenheit. In deinem Nicht-sprechen-Können nehme ich keinen Mangel mehr wahr, vielmehr einen Überschuss an Intensität, an Erleben. Während unser Gesicht zumeist Maske bleibt und die Sprache Abstand schafft, bist du in diesem Moment ganz und gar, was du fühlst. Zugleich bist du nicht Kind, bist nicht distanzlos einer unvermittelten Gegenwart ausgeliefert, denn es ist deine gesamte, dir ganz eigene Geschichte, die sich in dieser Gegenwart versammelt. Wir halten inne, staunend, glücklich und geben diesem Moment all den Raum. Nichts ist wichtiger, kein

Vorhaben, kein Plan ist wichtiger als diese gemeinsam erlebte Gegenwart.

Wenig später sitzen wir auf einer Bank nahe der Kirche, die Sonne umhüllt uns warm, ich lese dir ein Gedicht über den Tod und im Sonnenlicht ist mir, als wärst du schon fast eine Lichtgestalt. Dein Körper so zart, so ergeben, fast schon durchscheinend für eine andere Wirklichkeit – „Grün wirklicher Grüne, wirklicher Sonnenschein, wirklicher Wald." Du blickst zu mir, ich blicke zu dir, noch bist du da, an diesem Tag, jetzt noch da, bei uns, in diesem Augenblick.

Schließlich wirst du müde, wir bringen dich zurück ins Zimmer, helfen dir ins Bett. Ich blicke noch einmal um mich, sehe die hellen Streifen des Lichts auf dem Boden, den vom Wind leicht bewegten Vorhang. Ich beuge mich zu dir, küsse und segne deine Stirn und flüstere die Worte „gute Reise". Langsame, lautlose Schritte führen mich hinaus aus deinem Zimmer, im Flur bleibe ich stehen und wende mich um.

Ich verstehe in diesem Moment, dies ist der Abschied, der wirkliche Abschied, auf den wir so lange gewartet haben. Ich spüre es, dies waren meine letzten Worte an dich, an dich, solange du lebst. Noch sehe ich durch die halb geöffnete Tür das Fußende deines Bettes, deine Beine und Füße. Nie war es schwerer, sich umzudrehen, wieder in die andere Richtung zu blicken, fort von dir.

Erst in der noch leisen und doch tiefen Dankbarkeit darüber, den Abschied erleben zu können, den ich immer vor mir gesehen habe, mich sehnend, mich fürchtend, wird die Wendung möglich. Ganz vorsichtig löst sich etwas, ein auf diesem langen wunderbaren, schweren Weg immer Zurückgehaltenes, noch sehe, noch fühle ich es nicht, doch ich ahne auf der anderen Seite des Abschieds die immer verwehrte Möglichkeit, trauern zu können, endlich trauern zu können.

Nachdem wir bei dir waren, fahren wir mit den Rädern zu einem kleinen See. Das sandige, steil abfallende Ufer ist umgeben von weichem, warmem Sommergrün, in dem hohe blaue Kornblumen stehen. Warum kannst du nicht weiterleben hier mit uns, warum musst du gehen? Ich tauche in das kühle Wasser, will alles von mir gleiten lassen, will für einen Moment selbst nicht mehr auftauchen, sondern mit dir gehen, wohin du gehst. Doch ich bleibe immer stehen an der Grenze, an deinem Bett. Wie war es mir möglich, mich umzudrehen? Zu gehen, um dich gehen zu lassen. Zu gehen, um weiterzuleben.

Als ich zwei Wochen später bei dir ankomme, sind deine Hände schon kalt, deine Wangen noch warm. Kerzen brennen und blühender Lavendel liegt auf deiner Brust. Wir stehen im Kreis um dein Bett und singen „Christ ist erstanden". Die Kämpfe der letzten Stunden, deine sich aufbäumende Lebenskraft, deine Atemnot, ich habe es nicht miterlebt. Nun ist das Heilige nah. Der Raum ist erfüllt. Die Tür geöffnet hin zur unsichtbaren Welt. Du bist über die Schwelle gegangen.

Durch jenen Spalt

Immer war da die Grenze, der bevorstehende Abschied, dessen Nähe ich gespürt habe, auch wenn ich es nicht gewagt habe, seinem Kommen, seiner Gegenwart entgegenzusehen. Nur im Sinnbild, in der weichblauen Linie über den Wäldern hinter den Dächern der Stadt, konnte ich die Grenze lange und ruhig ansehen.

Im Zug auf dem Weg hierher, als dein Tod mich nicht als Erfahrung, sondern als Information erreichte, war alles da, was ich niemals fühlen, niemals erleben wollte, nichts und niemand konnte mich stützen. Nun blicke ich ruhig auf das Bild, das mich ängstigte: Dein Körper in deinem Bett liegend, dein Körper, der du nicht länger bist, aus dem du dich – in diesem Moment ist es mir ganz offenbar – gelöst hast, du oder das in dir, das ohne diesen Körper lebendig sein kann. In mir ist eine große Dankbarkeit, dass du bis zuletzt in unserem gemeinsamen Zuhause hast leben dürfen und mehr noch: in diesem Zuhause hast sterben dürfen. Ich stehe in Ehrfurcht nicht nur vor deinem Tod, sondern vor dem Tod als solchem und ich verstehe staunend: Es ist erlebbar. Das ist der Tod, der zum Leben gehört.

Immer wird es der Tod des Anderen sein, der Tod, den wir in diesem begrenzten Bewusstsein erleben. Was heißt das? Mitten im Leben, in der unzerissenen, sich weiterdehnenden Lebensdauer zu sehen, jemand ist fortgegangen und dabei das Fortgehen selbst nicht zu sehen. Der lebendige Mensch, der uns anblickte, das Leben in diesem Blick, wir sehen es niemals zerfallen. Übrig bleibt der menschliche Körper, der nicht länger ist, was er von Beginn an war, doch das Leben, das geht, das, was den Körper belebte, es hinterlässt keine Spuren, die auf seine Zerstörung hindeuten würden. Fragend blicke ich in den Raum, ahnend, es ist eins, das Geheimnis des Lebens und des Todes.

Denn mir ist, als könnte ich spüren, dass du mich anblickst, auch wenn dein Blick nicht mehr aus deinen Augen zu mir geht. Während ich innerlich zu dir spreche, richte ich mich unwillkürlich nicht mehr direkt zu deinem Körper hin. Wenn du noch bist, wenn du mich noch siehst, siehst du mich, wie du es lebend bereits üben durftest durch die Dinge hindurch? Wen kann ich nun meinen mit ‚Du'? Ich fühle dein Ich, mein Du, aus dem kranken Körper herausgelöst, du, der du warst vor dem ersten Zusammenbruch und nicht länger für mich sein konntest, du, mit deinem ganzen Leben, das du warst und nicht mehr bist. Immer noch: Du? Alles Erlebte ist so weich und so neu, ich sorge mich, ich könnte es verformen oder gar zerbrechen, wenn ich nach Worten suche, um es zu beschreiben.

Licht, mich umspülend

Jenseits der Schwelle deines Todes ist es nicht nur fremd. Der Spalt, durch den du nun gegangen bist, war schon geöffnet seit Jahren, zuletzt so schmerzhaft weit geöffnet in deinem so langsamen Gehen und doch Bleiben. Ein nicht endender Abschied, aber in diesem Offenen, lang Gezogenen, Ungestillten eine Gewöhnung gemeinsam mit dir an eine andere wortlose Nähe, die über die Grenze hinaus bleibt.

Doch die andere Seite des Todes, den wir weiterlebend erfahren: So nie da gewesen in meinem Leben, nie hätte ich gedacht, dass es sich so anfühlen würde, mit trockener Kehle nicht mehr sprechen zu wollen und dennoch gemeinsam die Schritte zu planen, die Schritte des Abschieds, des Rituals. Erlebbar war die Verwandlung, die kam und sich nicht planen ließ, kaum lebbar ist es, diese Schritte zu gehen.

Doch diese Schritte sind immer noch Gesten der Fürsorge, ob für dich oder für uns selbst, ich weiß es nicht. Es scheint so unmöglich, dich aus dem Bereich der eigenen Sorge loszulassen, dich abzugeben. Loslassen wohin? Abgeben an wen? Wer wird sich kümmern, wenn wir uns nicht mehr kümmern können und müssen? Wir können nicht denken, dass es möglich wäre zu sein, ohne irgendeiner Fürsorge zu bedürfen. Jetzt bist du nicht mehr, du bist nicht mehr, nicht mehr hier.

Im Abschied war eine Schönheit, war die Stille, in der ich verbunden bleiben konnte mit dir, war die Zartheit, die wir brauchen, um die andere Nähe leben zu lernen. Jetzt aber beginnt die Zeit, in der es gilt, das Irreversible auszuhalten. Dein Tod, der mich umgeben hatte wie eine veränderte Luft, soll ein Ereignis sein, das in der Vergangenheit liegt.

So suche ich die Orte, die mir Trost sind, an denen ich mich zärtlich mit dem Erdboden verbinden kann, der aufnehmen soll, was übrig blieb – nicht von dir, auch nicht vom Irdischen in deinem Leben, denn die Dinge, mit denen du lebtest, die du gestaltet und geliebt hast, sind immer noch da. Aber von diesem einen einzigen und einzigartigen Körper.

Überall sehe ich den weichen Grund, überall sehe ich den Wind. Das Waldgras, sich wiegend, kupfergolden in der Sonne schimmernd. Ein vom Regen frei gewaschener, gebrochener Baumstamm, der sich zum Boden neigt, in dem junge, hellgrüne Fichten stehen, umgeben von matt silbernen Felsen. Alles umfasst sich, die dunklen Stämme der Bäume, die zarten leichten Gräser so nah an der festen Rinde, spürt der Baum ihre Berührung, wenn der Wind mit ihnen spielt? Wirst du meine Gedanken sehen als Bilder? Wirst du mir manchmal Bilder schicken?

Immer im Wald: die Erinnerung an den zweiten Abschied, an das Loslassen, nicht nur des lebenden, auch des toten Körpers. Loslassen und ahnend freilassen, was unverlierbar bleibt. Was war das? Flackernde

Lichtstreifen. Noch einmal die Angst, aber dann auch Erwartung, Klarheit, Mut. Licht, mich umspülend, Schatten und Licht. Wie eine Umarmung mit dem Unsichtbaren, keine unpersönliche kosmisch-mystische Energie, noch einmal versammelt, ganz nah und vertraut: die Kraft deines Lebens, deines nun erlösten Lebens. Alles war gesund und rein und kraftvoll. Über uns die hohen Bäume, Sonne und Wind.

Wochen später fürchte ich mich vor der Nacht wie ein Kind. Am offenen Fenster nach einem Gewitter stehe ich still, atme die geklärte Luft. Nur ein Schritt durch den Rahmen ins Offene, Wind in den Gräsern, in den sich ineinander wiegenden Sträuchern, Schönheit der Nacht und ein Erschrecken im Bewusstsein, dass ich es so selten wage, sie zu sehen. Früher, geborgen in eurer Nähe, habe ich mich nicht vor der Dunkelheit gefürchtet, nicht vor der Dunkelheit nachts im Haus, nicht vor der dunklen Luft, die das Haus umgab. Nun weiche ich zurück vor dem Rascheln der trockenen Blätter auf dem harten Untergrund der Straße im Licht der Straßenlaterne. Nicht, weil ich die Nacht als düster wahrnehmen würde, als Verneinung des Lebens. Ihre Schönheit kann ich nicht ertragen, ihre Schönheit und deine Nähe, die nicht mehr die Nähe eines Menschen in der uns vertrauten Leibgestalt ist.

Ich gehe durch den dunklen Flur zurück ins Zimmer und versuche, Schlaf zu finden. Doch ich liege wach und blicke immer wieder auf, hinein in den leeren, stillen Raum. Mir ist, als wärst du da, genau du, noch gesund oder wieder gesund, als säßest du still im

Halbdunkeln auf dem Stuhl an meinem Schreibtisch und blicktest mich ruhig an. Als wärst du da, um mich zu begleiten, um mir zu helfen. Doch ich schüttele den Kopf und wende mein Gesicht ab.

Ich musste dich bitten, zu gehen. Und habe es manchmal bereut. Wieder wird es Sommer. Die Stare rufen. Alles soll weitergehen. Komm wieder, eines Tages, wenn ich die Kraft haben werde, sie zuzulassen, die Nähe des Fernen.

Das Zitat auf S. 22 ist Rainer Maria Rilkes Gedicht „Abschied“ entnommen, das Zitat auf S. 50 der siebten Elegie von Rilkes Duineser Elegien und das Zitat auf S. 126 Rilkes Gedicht „Todeserfahrung“.